TACOS
タコス

タコスとは、①トウモロコシ（または小麦粉）でつくるトルティーヤに、②具材となる料理をのせ、③好みのサルサと薬味をのせた、メキシコのソウルフードです。アメリカ経由のファストフード的なイメージとはウラハラに、本場メキシカンタコスはとてもバラエティ豊かです。

トウガラシを自在に使いこなすメキシカンテイストの魅力とあいまって、世界のフードシーンで「タコス」が注目されています。手づかみでがぶりと食べる楽しさ、トルティーヤの香ばしさ、口に広がるハーモニーに、だれもがワクワク。伝統タコス、シンプルタコス、食材や組み合わせに凝った美食タコス、ヴィーガンタコスに創作タコスと、表現は自由自在。グルテンフリーでミネラル豊富なトウモロコシのヘルシー価値にも注目です。

現代が求めるカジュアル＆フレンドリーな美食コンテンツ、タコスの無限の可能性を探ってみましょう。

Tortilla
トルティーヤ

乾燥トウモロコシからつくる生地を薄くのばし、焼いたもの。材料のトウモロコシによって白、黄、青など色味は異なる。メキシコではホワイトトルティーヤが標準的。北部では小麦粉のトルティーヤをよく使う。

Salsa
サルサ

ソースのこと。タコスには通常、トウガラシを使ったサルサ（辛さの度合いはいろいろ）を添える。サルサの個性に応じてタコスにコク、刺激、香ばしさ、ときにはフレッシュ感が加わる。タコスにイキイキとした表情を与える存在。

Relleno
具材

シンプルにチーズだけ、豆のピュレだけ～から、煮込み料理、焼きもの、揚げもの…何でもOK。複数の具材の組み合わせで、より重層的な味わいを表現することも。

Topping
トッピング

玉ネギのみじん切り、パクチーなどの薬味類。タコスに香り、刺激、シャキシャキ感を与えるプラスアルファ。

Contents

No Tortilla,
No Tacos!

basic techniqueortilla

トルティーヤをつくる

タコスの基本はトルティーヤ。トルティーヤがなければ
タコスはできません。香ばしくておいしい、焼きたての
トルティーヤがあればタコスは半分成功したようなもの
です。

コーントルティーヤは、トウモロコシの生地「マサ」か
らつくります。伝統的なマサづくり──乾燥粒トウモロ
コシから直接つくる──には独特のプロセスがあり、専
用の材料と機材とかなりの手間が必要です。現代では、
工業的な処理を経てトウモロコシを粉末化した、簡易
的な粉製品が広く使われています。ここではその両方
を、そして小麦粉でつくるフラワートルティーヤのつくり
方を紹介します。

マサをつくったら、あとは薄く伸ばして、鉄板の上で焼
くだけ。発酵させるわけではないし、特別なかまども必
要ないので、そこはもう、じつにシンプル。だからこそ
マサの質とコンディション、焼き方と提供温度がポイン
トになります。

1. *tortilla* マサ（生地）を仕込む1——伝統のニクスタマル製法

コーン粒を石灰処理する ➡ 挽く ➡ 練り合わせる

メソアメリカ（メキシコおよび中央アメリカ北西部）では何千年も前からトウモロコシを「ニクスタマル」することで、主食として自在に使いこなしてきた。

ニクスタマルとは、トウモロコシ粒を石灰水でゆで、浸しておくというアルカリ処理のこと。これを行うと、トウモロコシ粒を覆うかたい皮が溶け、生地にしやすくなるうえ、汚れが除かれ、化学変化によって食感はもちもちに、消化はよく、さらにビタミン生成などの栄養効果がもたらされる。さまざまな意味でトウモロコシの価値を高めるプロセスなのだ。

メキシコでは昔は、畑で乾燥させたトウモロコシを指で粒にばらし、家の台所でニクスタマルし、村にある石臼で挽いてマサ（生地）をつくり、その日のタマレス（p.26）やトルティーヤをつくる……という暮らしをしていた。が、現代では（伝統文化が残る一部地域は別として）、マサは大量生産のトウモロコシを工業的に処理して粉末化した粉製品からつくる、あるいは、既製品のトルティーヤを購入することが一般的だ。

とはいえ、最近になって、食文化やサステナビリティやガストロノミーの見地から、在来種のトウモロコシの味のよさ、伝統的なニクスタマリゼーションの価値があらためて見直され、昔ながらの方法でつくられたトルティーヤのおいしさが再発見されている。メキシコでも世界でも、ディープなトルティーヤファンがこの古代人の偉大な知恵に大注目している。

調理と解説：
マルコ・ガルシアさん（ロス・タコス・アスーレス）。

メキシコではトウモロコシの成熟度合いによって呼び名が変わる。そのまま焼いたりゆでたりして食べる生鮮トウモロコシは「エローテ」。さらに完熟したものが「マイス」。トルティーヤは乾燥マイスの粒からつくる。写真は、オアハカ州産の在来種の白いマイス。

process

➡ コーン粒を石灰処理する

食用石灰を少量の水で溶かしておく。

大鍋に湯を沸かし、石灰水を加えて90℃になったらトウモロコシ粒を入れる。かき混ぜながら弱火で60〜120分間ゆでる（皮が溶ける。トウモロコシの性質によって所要時間は変わる）。

煮汁がだんだん黄色味を帯びているのは、皮が化学変化を起こして溶けたため。

粒をさわると、溶けた皮がねばつく。

火を止めて8時間以上おく。皮の大半が溶け、1割ほどが残っている状態。これがマサのつなぎになり、またテクスチャーにもなる。皮が多く残ると、石灰の風味が残ってしまう。

水で洗う。生地の保存性を優先するなら軽めに洗い、逆に、石灰の匂いを残さないようにしたければよく洗う。

ニクスタマルを終えたトウモロコシ粒

process

➡挽く

水を少しずつ加えながら、トウモロコシ粒をモリノ（挽き臼）にかけていく。

機器はメキシコ製。内部でふたつの大きな石をすり合わせて、大粒でかたいトウモロコシを一気に細かく粉砕する。

挽きたてのマサ。まとめるとひと固まりになる。

➡練り合わせる

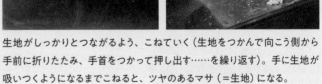

生地がしっかりとつながるよう、こねていく（生地をつかんで向こう側から手前に折りたたみ、手首をつかって押し出す……を繰り返す）。手に生地が吸いつくようになるまでこねると、ツヤのあるマサ（＝生地）になる。

できたマサ。布やラップフィルムをかぶせて30分以上ねかせ、水分をなじませてから使う。

*マサは日持ちしない。
基本的に当日中に使う。

水分が足りなければ、少量の水を加える。ただし多すぎると生地がうまくまとまらない。そのコツをつかむことが、マサづくりのポイント。

2. マサ（生地）を仕込む2──簡易な手づくり方法
製品化された「マサ粉」を使う

現在メキシコはじめ世界で広く使われているのが、トルティーヤ用に製造されたインスタント・コーンフラワー（いろいろな製品名があるので、本書では「マサ粉」と表記）。基本的にはパッケージに書いてある分量通りに水を加え、練り合わせれば、マサができる。

マサ粉は製菓等に使われる普通のコーン粉ではなく、マサ専用の粉。ホワイトコーン、イエローコーン、ブルーコーンのマサ粉がある。メキシコではホワイトコーンのトルティーヤが圧倒的に多い。

process

➡水を吸わせる

➡こねてつなぐ

マサ粉をボウルに入れ、規定量のをぬるま湯を何度かに分けて少しずつ加え混ぜては粉にすり合わせる。
だんだんとスコーンの生地のようにポロポロになり、粉の塊が大きくなっていく。
生地をつなぐようにこねていき、ひび割れのない、つやのよいひと固まりにする。
耳たぶくらいのやわらかさ。

こねあげ後は、「小麦粉とは違い、ねかせてグルテンが出るわけではないのですぐに使える」（星さん）、「30分ほど休ませると水分がしっかりとつながる」（久松さん）。
生地は乾きやすいので、ラップフィルムをかけておく。使用時にかたくなっていたら水を補って練り直す。

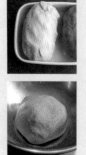

粉の量が多い場合は、手でつかみ、押し出すようにしながらしっかりとこねる。

調理と解説：
星穣さん（タコスショップ）／久松暉典さん（オショモコ）

3. マサからトルティーヤをつくる

1枚分のマサを丸める ➡ プレス ➡ 焼く

トルティーヤの理想形は縁がギザギザではなく、なめらかで、ゆがみのない円。マサの水分量が適切でないときれいにのびない、焼けないので、マサがかたい場合は適量の水を加えて練り直してから焼く。

焼きたては、香りもモチモチの食感も最高潮。すぐに食べない場合は布で包んで保温する。冷めるとかたくなるので、冷めたものは（スプレーで水分を補いながら）鉄板で温め直す。

生地をのばすプレンサー（プレス器）。マサに均等に圧をかけて薄い円形にのばす。

トルティーヤは昔は厚い陶製の板を熱して焼いていた。メキシコにはコマルという厚手の専用パンがある。日本の店舗では、お好み焼き用の鉄板が便利に使われている。

process

➡ 丸める

トルティーヤ1枚分のマサ（その店の大きさ・厚さに応じた分量。これは1個20g）を計量しながらちぎり、手で丸める。

➡ プレス

プレスして伸ばす（プレス器に生地がつかないよう、マサの上下をシートで挟む）。

➡ 焼く

鉄板はあらかじめ充分に熱しておく。のばした生地を置く。
20〜30秒もすると、底が乾いて縁が浮いてくるので裏返す。
表面が軽く膨らんできたら、再度裏返す。
内部で水分が気化し、生地が風船のように膨らんでくる（へらで生地を押して浮かすと、膨らみやすい）のが、焼きあがりの合図。へらで軽く押さえて落ち着かせ、すくい取る。

トルティーヤには焦げ目はつけない。

調理と解説：マルコ・ガルシアさん（ロス・タコス・アスーレス）

4. tortilla
フラワートルティーヤも忘れずに
● 小麦粉で生地をつくる➡のばす➡焼く

メキシコのトルティーヤはすべてトウモロコシ製と思われがちだが、北メキシコはじつは小麦の生産エリアで、フラワートルティーヤの文化圏。フラワートルティーヤはコーンの影に隠れがちだが、ニクスタマルのような特殊な手間や機材はいらず、材料（小麦粉）は身近にあって、質やタイプの選択肢も多く、そして手づくりするととてもおいしい。プロもアマチュアも、アウトドアでも、香り高い本格手づくりタコスを楽しめる魅力的な選択肢だ。

中力粉または強力粉
　250g
溶かしバター　70g
ぬるま湯　100ml
塩　小さじ1/2

中力粉を使うとメキシコのトルティーヤに近くなるが、強力粉を使うともちもちのテクスチャーがでておいしい。薄力粉を使うならベーキングパウダーを少し加えたほうがいい。また、溶かしバターのかわりに、ココナッツ油やラードを使ってもよい。

process

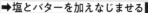
➡塩とバターを加えなじませる

小麦粉に塩を加え、溶かしバターを加える。手で生地になじませていく。

➡練り合わせる

均一になじんだら、ぬるま湯（40℃程度）を少しずつ入れて、生地に混ぜながらこねる。

➡こねる

生地がまとまったら打ち粉をした作業台に移し、つやが出るまでしっかりとこねる。必要なら水分を足す。

➡やすませる

ラップフィルムをかけ、30分間やすませる。こねたてはグルテンが強く、すぐに焼くと縮んでしまうので。

調理と解説：
マルコ・ガルシアさん（ロス・タコス・アスーレス）

薄くて伸縮性があり、やわらかいフラワートルティーヤは、具材を巻きやすい。ピタパンのようにあらゆる具材に合わせられる。冷めたものは、温めると香ばしさがよみがえる。

ほどよい弾力とやわらかさのある、生地の状態。

トルティーヤ1枚分の生地をちぎり分けて丸め、指で扁平に整え、麺棒で円形にのばす。コーントルティーヤに比べ、薄くのばしやすい。同じサイズにするなら量は少なめ(写真は1枚16ｇ)。

鉄板はあらかじめ充分に熱しておく。生地を置く。
薄いのですぐに乾いて浮いてくるので、裏返す。
表面にふつふつと膨らみができてきたら、再度裏返す。
適宜裏返し、両面を均等に焼いて取り出す。

トマティーヨ　*tomatillo*

小粒の緑トマトのような見た目だが、トマトではなくホウズキの仲間。爽やかな酸味とグリーンの香りが特徴で、定番のサルサ・ヴェルデには欠かせない食材。メキシコでは1年中、生鮮品が使われる。日本では秋が旬だが、最近はハウスものが通年で出始めている。メキシコ産の缶詰もある。

I
basic ingredients
ngredients

メキシカンテイストの決め手！
——食材ミニ情報

メキシカンテイストのキー食材の筆頭は、なんといってもトウガラシ。たんに「辛さ」をもたらすだけでなく、あるときは料理やサルサのコクのベースとなる、一種の「だし材料」でもある。メキシコ原産トウガラシのなかで代表的なもののほか、タコスの味づくりによく使われる食材を紹介する。

リモン（キーライム）　*limón*

メキシコで広く使われる柑橘。皮は緑色で、スダチほどの小粒サイズ。果汁が豊富で、シャープな酸味としっかりとした華やかな香りがある。キーライムは英語名。

パクチー（コリアンダー、シラントロ）　*cilantro*

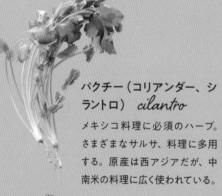

メキシコ料理に必須のハーブ。さまざまなサルサ、料理に多用する。原産は西アジアだが、中南米の料理に広く使われている。

ワヒーヨ
chile guajillo

表面がすべすべしてツヤがあり、比較的大きめ。昆布のような旨みがあると言われる。ミラソル（chile mirasol）を乾燥させたもの。

ノパル　*nopal*

ウチワサボテン。葉の表面のトゲを削り落として食用にする。ほのかな酸味とオクラや芽カブのような粘り気がある。焼く、煮るなど、加熱調理して食べる。ビタミン、ミネラル、食物繊維が豊富。

パシーヤ
chile pasilla

チラカ（chile chilaca）という、ポブラノに似たコクのあるトウガラシを乾燥させたもの。辛みはさほど強くなく、風味、旨みが濃い。

ハバネロ
chile habanero

皮の薄い激辛トウガラシ。色は熟度によって、緑、黄、オレンジ、赤、とさまざま。

ハラペーニョ
chile jalapeño

肉厚で、詰めものからピクルスまで使いやすいトウガラシ。熟したものは赤色。

ポブラノ
chile poblano

肉厚で、辛みの強くない（ときに辛いものがある）、コクのあるトウガラシ。野菜として幅広く料理に使われる。ピーマンよりも肉厚で詰めもの料理にも向く。

セラーノ
chile serrano

すっきりとした辛さで、料理や薬味として幅広く使われる。「メキシコでいちばんよく使われる生トウガラシ。ハラペーニョより辛みは少し強め。グリーンの香りとかすかなイガイガ感がアクセントになる」（マルコ・ガルシアさん）

アンチョ
chile ancho

熟したポブラノを乾燥させたもの。赤黒く、肉厚。辛みはほどほどで、プラムのような甘みとコクがある。

アルボル
chile de árbol

辛みがストレートに強い小さな乾燥赤トウガラシ。日本ではタカノツメで代用する人も多い。

Chile
🌶🌶 チレ（トウガラシ）

ピキン
chile piquin

小粒で、激辛のトウガラシ。

チポトレ（チポトレ・モリタ、モリタ）
chile chipotle (chile chipotle morita)

完熟したハラペーニョを乾燥、燻製にしたもの。強い辛みとともに、独特のコクとスモーキー感がある。メキシカンテイストならではの「スモーキー感」をもたらすチリ。（燻製度合いのより強い、褐色して黄味がかったタイプもある。チポトレ・メコと呼ばれる）

タヒン
tajin

乾燥トウガラシ粉、乾燥ライムパウダー、塩を合わせた、ポピュラー調味料。フルーツにもかけて食べる。

アドボ漬けのチポトレ
chile chipotle en adovo

チポトレを、アドボソース（トマトベースのソース）で煮て、漬け込んだ缶詰製品。サルサなどに幅広く使われる。

What are Mexican TACOS?

メキシカンタコスの
ここが知りたい

メキシコの国土は日本の約5倍。気候
風土は多様で、土地ごとに食材や料理
は異なりますが、全国共通なのは食生
活にタコスがあること。まさにメキシ
コのソウルフード。写真やレシピからだ
けではわからない本場のタコスの素顔
を、マルコさんに聞いてみました。

答える人：
マルコ・ガルシアさん
ロス・タコス・アスーレス

メキシコ・モンテレイ出身。
2018年に東京に「ロス・タコ
ス・アスーレス」を開業。メキ
シカンタコスの新しい可能性
を表現し、料理界に新風をも
たらす。現タコスブームのリ
ーダー。

1． タコスって何ですか？

　タコスとは「トルティーヤに料理をのせたもの」。メキシコ独特の外食文化という一面もあります
が、そもそも、トルティーヤはメキシコ人の主食です。日本人にとってのごはんと同じで、家庭では
「おかず料理とトルティーヤ」で食事をします。その料理をトルティーヤに挟んで食べれば、それは
タコスです。

　外食のタコスにはカルニータス（豚肉のコンフィ）やパストール（ケバブ風の焼き肉）など、有名な
"定番もの"がありますが、それらに限らず、どんな料理もトルティーヤにのせればタコス。メキシコ
の気候風土は、砂漠、熱帯雨林、海岸、山岳地帯……とじつにさまざまで、食文化は非常に多様
性に富んでいます。つまり、それだけタコスの幅は広いのです。

2． タコスはストリートフードなの？

　古代人がトルティーヤにトウガラシや豆を挟んで食べた
ことがタコスの始まり……とよく言われます。が、タコス
という言葉や概念は意外に新しいそうです。20世紀初頭
の近代化の時代、首都に全国から労働者が流入し、彼ら
が「家の外で、安く、簡単に」食べられるものとしてタコス
が生まれたのだとか。以来全国から、ときには外国移民
が持ち込んだ料理が、首都のタコスとして発展しました。

　外食文化としてのタコスはストリートから始まったとい
えるでしょう。今はレストランでも前菜としてタコスを出し
ますし、最近は上質な食材を使ったり、具材を組み合わ
せて複雑な味わいを表現したプレミアムタコスも登場して
います。

トルティーヤ自体には何千年もの歴史が
あり、古代から食べられてきました。

3. タコスのシチュエーションいろいろ

タコスにもじつはいろいろなカテゴリー、性格があります。

たとえば、カルニータス、バルバコア（肉の蒸し焼き）、パストールなどは"専門店"のタコス。鰻や天ぷらのようなもので、カルニータスならカルニータスの専門店が、店同士で秘伝の味とプロの技を競っています。煮込み料理などのお惣菜をいろいろ並べた屋台タコスは、タコス・デ・ギサードス（煮込みタコス）と呼ばれます。シートを敷いた籠にタコスをぎっしり詰め、熱い油をかけて包み、蒸らしながら移動販売するタコス・デ・カナスタ（バスケットタコス）というスタイルもあります。

メキシコには独特のブランチ文化があります。アルムエルソという9時～14時頃にとる食事で、これがタコスと深く結びついています。屋台のギサードスはもちろん、カルニータスやバルバコアもこの時間帯のタコス。逆に、夜に食べるタコスもあり、パストールやスアデロのタコス店は夜が営業時間です。

4. タコスのエチケット

どんな料理もタコスになる…とはいえ常識があります。①温かく提供し、温かいうちに食べる——トルティーヤは冷めるとかたくなるので、タコスにしたらすぐに食べる。つくり置きには不向き。②手で食べる——ナイフフォークは使わない。③タコスはシェアしない。ひとつのタコスは、自分ひとりで食べる。④（伝統的な習慣では）生魚、生肉は使わない——トルティーヤには合わないとされ、これらはトスターダに合わせます。

メキシコ国内のトウモロコシ生産は、効率優先のハイブリッド種が主流ですが、先祖代々の在来種をつくり続ける農家も残っています。

メキシコには膨大な種類のトウガラシがあり、日常的に生も乾燥も多種類が使い分けられています。それぞれの個性と食材との組み合わせによって、無数のサルサが生まれます。

5. タケリアとサルサ

タコスにサルサ（＝ソース）は欠かせません。激辛にするとは限りませんが、何かしらトウガラシを使ったホットソースです。注文に応じてかけるか、あるいはテーブルにサルサが置いてあります。このタコスにはこのサルサ、という決まりはありませんし、サルサはその店のスタイルで、たとえば「サルサ・ヴェルデ」という同じ名称でも、つくり方のディテールは人によって違います。タケリア（タコス店）では昔から、タコスそのもの以上に、サルサの味でオリジナリティを競ってきました。

本場タコスの
定番クラシック

メキシコの日常におけるもっとも
定番的なタコスの例を、マルコ
さんが紹介します。

1. *Tacos de Carnitas*
専門店タコスの代表格！

カルニータス

ミチョアカンは銅製品の生産でも
有名で、カルニータスといえば銅鍋
で煮込むのが典型スタイルです。

　いまは世界中にタコスの店がありますが、「カルニータス」
は品目に必ずありますよね。世界的にも定番のタコスのひと
つです。カルニータスは豚肉をラード（＋ニンニクなど）で煮
た料理で、もともとはミチョアカンという州の郷土料理です
が、メキシコを代表する肉料理のひとつ。地方を問わず町に
はカルニータス専門店があり、それぞれの味を競っています。

　カルニータスに使う部位は、肉、耳、頭、豚足、舌……
と、何でもあり。というより、さまざまな部位を一緒に煮る
ことで、味わいが深まってよりおいしくなります。それぞれき
ざんでトルティーヤに合わせ盛りしますが、注文する人が、
「全部盛りで」とか「耳多めに」、「脂多め」…と指定するこ
とができます。

　日本ではよく"豚肉のオレンジ煮"と訳されていますが、（た
しかにオレンジは定番の材料で、私も皮を入れますが）、オ
レンジ味の料理というわけではありません。その店のスタイ
ルとしてオレンジ風味をきかせるのはもちろんアリですが、
基本前提ではないと思います。

recipe

豚の耳　2枚
豚ばら　1kg
豚肩ロース　1kg
タイムの枝
オレンジの表皮
ニンニク（皮つき）　2かけ
ラード
塩

ここでは3種類の部位を使いますが、伝統的にはもっといろいろな部位を混ぜます。現代的には、バラ肉だけ、肩肉だけ、といったつくり方も可能です。

1　豚の耳、豚バラ肉、肩ロースに塩をまぶして、ひと晩おく。

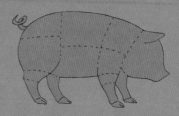

メキシコだと、ここでコーラを入れる人が少なくありません。スパイシー感と甘みが加わるのでしょうね。また、ここではオレンジの皮しか使っていませんが果肉ごと使う人もいますし、ハーブの選び方もさまざま。人それぞれにこだわりがあります。

2　**1**の水気をふきとり、鍋に入れる。ラードをかぶるまで加える。タイムの枝、オレンジの表皮、ニンニクを加えて、火にかける。弱火で、すべてに火が通るまで煮る（約3時間）。

3　煮あがりの状態。

この煮汁には肉のおいしいエキスがしみ出ています。状態をみて、次の煮込みに使います。

4　ばら肉、肩ロース、耳それぞれをきざみ合わせる。トルティーヤにのせる。

カルニータスにはこのサルサ、という決まりはありません。好みのサルサを添えてください。私はサルサ・ヴェルデを添えるのが好き。フレッシュのトマティーヨがベースで、セラーノチリで爽やかに辛みをつけたもので、脂の多いカルニータスをさっぱりとさせてくれます。

ホワイトコーントルティーヤ
カルニータス
サルサ・ヴェルデ
玉ネギ　パクチー　カットライム

2. *Tacos de Carne Asada*
ポピュラーな牛ステーキ・タコス

カルネ・アサーダ

　じつはメキシコ人がいちばんよく食べるタコスかもしれません。カルネ・アサーダ（牛ステーキ肉の炭火焼き）の専門店もありますが、そもそもメキシコ人はレストランでもカフェテリアでも自宅でも、牛ステーキをよく食べますから。そこにトルティーヤを添えるのも当然で、つまりはとても身近なタコスです。

　ここでは厚手のグリルパンを使いましたが、本当は、薪火のグリルで焼きたいところです。スモーキー感を帯びた肉の旨みが、トルティーヤの香りによく合います。そしてメキシコでは、肉を焼く前に表面にラードをぬる習慣があります。日本の牛肉とは違ってかなり固いので、焼き上がりをパサつかせない工夫です。

recipe

牛ステーキ肉に塩、コショウして、表面にラードをぬる。グリルパンまたはグリルで焼く。焼き上がりを細かくきざむ。

ステーキであっても、タコスにする場合は、食べやすいように細かくきざむのがスタンダードです。

今回、サボテンとハラペーニョも一緒にグリルして添えました。サボテンは焼く前に、表面のトゲを削り取ってあります。

カルネ・アサーダ
サルサ・ロハ　サルサ・ヴェルデ
パクチー　玉ネギ　カットライム
サイド／サボテンのグリル　ハラペーニョのグリル

3. *Tacos de Pescado*
タコスは肉だけじゃない

魚タコス

　メキシコは長い海岸線をもつ国ですが、全国区的に親しまれる魚介のタコスはあまり多くありません。ただしこれは別格。メキシコ版フィッシュアンドチップス（チップスではなくてトルティーヤですが）といってよいくらいポピュラーです。いわゆる白身魚のフリッターで、魚を揚げる油にラードを使うところがメキシコならでは。チリ風味のマヨネーズをかけます。元は、バハ・カルフォルニアのエンセナーダの港町名物のタコスです。

　魚のタコスとしてはほかに、グリル魚のタコス、魚チチャロンのタコスなどもあります。ちなみにセビーチェは、もちろん人気料理ですが、生の魚介はトルティーヤと風味があまり合わないのでタコスにはせず、トスターダ（トルティーヤを揚げたもの）にのせるのがスタンダード。トスターダのカリカリ感と香ばしさがよく合います。

recipe

白身魚（マダイ）のフィレ
ラード、小麦粉、塩　各適量
衣の材料
　卵白　1個分
　卵黄　1個
　ニンニク（すりおろし）　1かけ
　フレンチマスタード　小さじ1
　ビール　1/2カップ
　小麦粉　1カップ
　ベーキングパウダー　小さじ1
　塩　少量

1　卵白を泡立ててメレンゲにする。
2　別のボウルに卵黄、ニンニク、マスタード、ビールを合わせ、小麦粉、ベーキングパウダー、塩を加え混ぜて均一にする。さらに**1**を加えてさっくりと混ぜ合わせる。
3　白身魚の切り身に塩をふり、小麦粉をうすくまぶす。**2**にくぐらせて、160℃のラードで揚げる。

白身魚のフリッター
アボカド
チポトレマヨネーズ　サルサ・メヒカナ
パクチー　カットライム

チポトレマヨネーズは、アドボ漬けのチポトレをピュレにしてマヨネーズと混ぜたものです。

4. *Tacos de Guizado*
おばんざいを並べた、屋台タコス

ギサードス

タコスのお店に「ギサードス(=煮込み料理)」というジャンルがあります。家庭的な惣菜をいろいろ並べた店で、たいていは屋台(スタンド)で、料理上手な女の人がつくっています。お客さんは自分で具材を選んでタコスにしてもらう。まさに日本の「おばんざい」ですよね。ギサードスのタコス屋台を見つけたければ、町の市場(メルカド)に行くことです。日本でも市場の周囲に大衆食堂があるのと一緒で、毎朝買い出しにくる人たちが、ここで食事をとるんです。だから「おばんざいタコス」は、朝～昼のカルチャー。市場とともに朝早くから店が開き、昼過ぎにはたいてい閉まります。

1 青トウガラシのチーズ詰め
chile relleno

青トウガラシの詰めもの料理にはいろいろなパターンがあります。これは、ポブラノという青トウガラシに切り目を入れて種を抜き、チーズを詰め、衣をつけて揚げたもの。チーズはなんでもよいのですが、メキシコではケソ・フレスコ(軽い塩気のあるフレッシュチーズ。フェタやカッテージチーズのような食感)を使うことが多いですね。
ギサードのタケリアではいろいろな具材を扱いますが、サルサも店ごとのスタイルで何種類かを用意しています。ここでは、サルサ・ロハ(赤いホットソース)をかけました。

3 ピカディーヨ *picadillo*

ピカディーヨは「きざんだもの」という意味で、細かく刻んだ材料を炒め合わせたそぼろ料理です。
ニンニク、玉ネギ、豚挽き肉をオイルで香りよく炒め、さらにニンジン、ジャガイモ、水でもどしたレーズンを加えて炒めます。そこにトマトソースを加えて軽く見込み、塩で味をととのえます。
日常的なお惣菜で、タコスの具としてにするのはもちろん、詰めもの料理の具にもします。

2 ジャガイモとチョリソ *papas con chorizo*

蒸してからダイスにカットしたジャガイモをソテーし、ほぐした生チョリソを加えて炒め、仕上げにラードで香りづけします。ジャガイモもチョリソも、家庭の台所に欠かさずあるもので、ごく基本的なお惣菜です。
ここではサルサ・ヴェルデ(緑のソース)を添えました。

4 サボテンの煮込み *guisado de nopales*

サボテンはそのままだと酸味が強く、オクラのようなヌルヌルがあるので、最初に(トゲを削ってから)塩入りの湯で下茹でします。そのあと、玉ネギ等と一緒に炒め、好みのサルサを加えて煮込む。茎わかめのような歯切れとぬめりのある、独特のテクスチャーになります。具や味つけにはいろいろなバージョンがありますが、屋台タコスには欠かせない一品です。

タコスだけじゃない！──マサの使い方バリエーション、ほんの一例

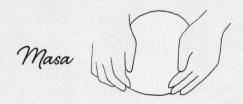

Masa

"メキシコの主食はトルティーヤ"と言いますが、厳密に言うなら「マサが主食」。
マサからつくる軽食はさまざまあり、総称してアントヒートスと言います。

Tamal タマレス

タマレス（単数形はタマル）は、マサにラードを混ぜ、トウモロコシの皮やバナナの葉で包んで蒸した「ちまき」。マサ料理の原形と言われ、メソアメリカ全体にタマル文化があって無数のバリエーションがあります。

タマレスはメキシコの朝ごはんの代表で、町では、マサと一緒にいろいろな具材を包んで蒸したホカホカのタマレスが屋台で売られています。写真は、マサの中に鶏肉の具を入れたシンプルなタマレス。好きなサルサをかけて味わいます。

Gordita ゴルディータ

「太っちょさん」という意味のゴルディータは、ひとことで言うと分厚いトルティーヤ。マサを厚めの円形にしてじっくりと焼くか、あるいは揚げるか。ゴルディータの真ん中に切り込みを入れ具材を挟んだものは、よく"メキシカンバーガー"と呼ばれます。写真は、60gのマサに10%量の鶏油を混ぜ、小鍋に入れて鉄板に置いてじっくりと焼いたもの。

Tlacoyo トラコヨ

マサを厚みのある木の葉形にして焼いたもの。いわば「お焼き」で、もっちりとした弾力のある食感から、マサのトウモロコシの風味がストレートに口に広がります。バリエーションはいろいろで、生地の中央にくぼみをつくって具材を詰めてから焼いたものもあります。

アントヒートス　*antojitos*

言葉の意味は「ほしくなっちゃうもの」。軽食のことで、マサのベースに具材を組み合わせたものが多く、タコスもアントヒートスのひとつ。街角で食べるストリートフードとして、レストランの前菜として、日常にいつもあります。

Tortilla

トルティーヤはいつも身近にある基本のパンなので、
タコス以外にもさまざまな使いかたや派生形があります。

Tostada　トスターダ

トルティーヤを揚げたもの。タコス同様、自由
に具材をのせて食べます。マサを焼いてから揚
げることで、トウモロコシの香りがさらに強調さ
れ、カリカリした食感も心地よく、とくにサラダ
や生の魚介によく合います。つくり置きが可能
なのも魅力。

Chips　チップス

時間がたって少し乾燥してしまったトルティーヤ
はカットして素揚げし、おつまみにしたり、スー
プの浮き実などに使います。チップスはトルテ
ィーヤを六等分して揚げたもの。塩をかけるだけ
でもおいしく、サルサやワカモレを添えれば立
派なスナックに。なお、スープの浮き実にする
場合は形は四角や短冊など形はいろいろで、ト
トポスと呼ばれます。

Quesadilla　ケサディーヤ

トルティーヤは、タコスのみならずさまざまな料理で使われま
す。ケサディーヤはトルティーヤでチーズを挟み焼いたもので、
別名“メキシカンピッツァ”。少し大きめの楕円形にのばしたト
ルティーヤを鉄板に置き、チーズをのせて半分にたたみ、とき
どきへらで押さえてチーズがとろけてきたら裏返して両面を焼き
ます。なお、本来は「ケソ（チーズ）
＋トルティーヤ」だからケサディー
ヤですが、チーズが入っていなくて
も「具入り・二つ折り」で焼いたも
の全般の呼び名にもなっています。

Now!
Nippon
TACOS

ニッポンタコス NOW

日本にもタコスの時代がやってきました。メキシカンテイスト×日本の食材×自由な発想……で、タコスのおいしさはどこまで広がる？　日本にタコスの新しい風を吹かせる、7つのお店のタコスとコンセプトを紹介します。

◎各店舗の紹介内容は取材当時（2021年3月）のものです。営業時間、メニュー、価格等のデータは随時変更される可能性があります。

◎各タコスのレシピは具材別にまとめています。各具材の仕上がり量は単位を統一せず、ケースバイケースで「つくりやすい量」「仕込み時の量」となっています。適宜参考にしてください。材料の分量、加熱時間の数字も、おおよその目安として参考にしてください。

◎レシピ中のマーク

🌶 乾燥トウガラシ　　🌶 生トウガラシ

Los Tacos Azules

ロス・タコス・アスーレス

Los Tacos Azules

ロス・タコス・アスーレス／東京・三軒茶屋

メキシコの伝統＋日本の素材で、「美食タコス」の扉を開く

店名の直訳は「青いタコス」。その名の通り、在来種のブルーコーンを使って伝統製法つくるトルティーヤが、この店の主役だ。

オーナーのマルコ・ガルシアさんはメキシコ北部の出身で、日本に1年間の留学経験がある。このとき東京の美食カルチャーに圧倒されたことが、自国の食文化を深く見直すきっかけとなったとか。さらに在来種ブルーコーンのトルティーヤのおいしさに出会って人生の目標が定まり、2011年に地元に「ロス・タコス・アスーレス」を開業。これを、'18年に東京に移し、いつかは日本で勝負したい、という願いを実現させた。

目指すは、メキシコの伝統トルティーヤ文化を受け継ぎつつ、日本の食材を使って『日本ならではのタコス』をつくること。日本のフランス料理や中国料理が、それぞれの技術と日本食材を融合させて高度な美食を展開しているように、メキシコ料理にも新しい地平を拓きたいという思いがある。「それに、以前見た日本のタコスは、具材が豚、鶏、冷凍エビと、ありきたりなものばかり。これほど食材に恵まれているのに使わないなんてもったいない！ どんな料理もトルティーヤにのせればタコス。カジュアルでもガストロノミックでも、伝統でも創作でも、おいしさに限界がないことを発信したい。それができるのが東京なんです」（マルコさん）

伝えたいコンセプトはいろいろ。そこで昼と夜で提供スタイルを変え、ディナーで創作タコスのコースメニュー、週末ブランチで伝統ベースのタコスを単品提供、という2路線で出発した。伝統トルティーヤから生み出す美食のタコスは "タコス" のイメージを飛躍させ、Netflix制作のドキュメンタリーでも紹介されるなど、国内外フーディーからの注目度がとにかく高い。

カジュアルなファストフードとは異なる「素材本位＆手をかけた美食タコス」を追求し、タコス文化に新ジャンルを切り拓いてきたアスーレスのチーム。本書前半ではタコス全般の基本を解説してくれたマルコさん、パートナーで共同経営者の阿部莉香さん（中央ふたり）。

昼は自然光が降り注ぐカフェ風、夜はライトを落としてしっとりした大人の雰囲気のバー空間に。ステレオタイプのメキシコ調ではなく、ナチュラルで落ち着いた空気の下、丁寧にタコスをつくる。カウンター越しにトルティーヤを焼くプロセスが見える。

在来種のブルーコーンに託す、トルティーヤ本来のおいしさ

マルコさんがこの在来種ブルーコーンに出会ったのは、著名なメキシコ料理研究家のダイアナ・ケネディ女史に知己を得たのがきっかけ。メキシコでも在来種のトウモロコシは消えかけており、初めて食べたおいしさに感動。本来はこうであったトルティーヤの味を日本に伝えるため、機材一式をメキシコから導入し、伝統製法でトルティーヤをつくってきた。「誤解を避けたいのは、ブルーだからおいしいわけではないということ。香り高く、食感のよい品種を人々が大事に受け継ぎ、育ててきたからおいしい。他の色でもすばらしい在来品種はありますし、私も使います」

青黒い粒のブルーコーンからつくるマサはこの店のアイコン。「その日によって、生地が手に吸いつく感じ、こね上がりの色の変わり方は微妙に違うんです。毎日が生地との対話です」(阿部さん)。

伝統タコスがベースの「朝タコス」、次世代タコスを表現する「タコス・バー」

コロナ禍中はブランチ営業に一本化していたが、'20年春から営業形態を再編成する。「朝タコス」は、メキシコの屋台タコス(p.24参照)の習慣にならったアラカルト。伝統的なタコスを日本の食材でアレンジして提供する。次頁から紹介するのも朝タコスの品目だ。
夜は「タコス・バー」という別ブランドを立て、"次世代タコス"をドリンクとともに楽しむ空間に。より冒険的で、美食度の高いタコスを、お鮨屋さんのような感覚で単品提供していくという。*

開業の動機のひとつが「使うことで、在来種トウモロコシの生産者を応援する」。トウモロコシ以外はサステナビリティを第一とし、メキシコ食材もできるだけ日本の生産者につくってもらっている。写真は、北海道の生産者がつくってくれるメキシコ南部オアハカ風のチーズ、ケシージョを使ったケサディーヤ。

テーブルサルサ➡タイプ違いの2色

テーブルには2種のサルサを出して、好き好きにかけてもらう。「ひとつひとつのタコスはそれ自体で完成しているので、これはプラスアルファ。おいしさにニュアンスの変化を与えるものです」(マルコさん)

タイプの異なる辛みをもった2色のサルサ、サルサ・ヴェルデ(緑)とサルサ・ロハ(赤)。料理の一部として使うこともある。

DATA

住所　　　東京都世田谷区上馬1-17-9
　　　　　https://www.lostacosazules.jp
営業時間　【朝タコス】水 - 金　9：00－15：00
　　　　　　　　　　　　土日　9：00－16：00
開業　　　2018年9月
席数　　　19
価格例　　タコス 450 ～ 1200 円@1個
＊ '22年に別店舗「TACOS BAR」を東京・恵比寿に開業。

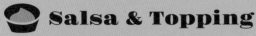

Salsa & Topping

基本のサルサ＆トッピング

生のサルサ・ヴェルデ

テーマは「フレッシュ感と爽やかな辛み」。脂肪の多い肉のタコスも、これがあればさっぱりして食べ飽きない。生鮮のトマティーヨならではのフレッシュな風味が主役なので、缶詰では代替できない。生絞りジュースと同じで酸化しやすいので、つくりたてを使う。

トマティーヨ（生鮮）　1kg
玉ネギ（ざく切り）　150g
ニンニク　2かけ
パクチー　1束
セラーノ　250g
　（10～15本）
塩

材料を合わせてフードプロセッサーにかける。なめらかにしすぎずに少しテクスチャーを残す。

サルサ・ロハ

焦がしたトマトがベースのサルサ。焦げたトマトのコクと苦みが独特の風味になる（とくに日本のトマトは甘いので、そのまま使うと甘くなってしまう）。

トマト　1kg
玉ネギ　200g
ニンニク　2かけ
完熟の赤いハバネロ
　4～5本（または完熟の
　生トウガラシ／量は調節）
塩

1　トマトをオーブン（またはサラマンダー、または鉄板）で真っ黒に焦がす。
2　玉ネギをオーブンで約1時間焼く。ニンニクは約15分間焼く。
3　**1**、**2**、ハバネロまたはセラーノ、塩を合わせてフードプロセッサーにかける。辛さは好みで調整する。

Los Tacos Azules

キノコのソテー *taco*

キノコをしっかりソテーして旨みを引き出せば、たいていトルティーヤ
の風味によく合う（天然キノコなら、さらに相乗効果があるはず）。こ
こで使っているのは、日本で身近なキノコいろいろ。仕上げに加える
ハーブで個性の方向が決まり、香りがさらにイキイキする。メキシコ
のハーブ、エパソテを加えて一気にメキシコ風味に。

<u>キノコのソテー</u>
キノコ（シイタケ、シメジタケ、エノキ）
ニンニク（みじん切り）
セラーノ（小口切り）
植物油、塩
パクチー（またはエパソテ、みじん切り）

1 シイタケは石突きを切り落とし、エノキとシメジは根元を切
り落とす。
2 鍋に油を引き、ニンニク、セラーノを炒める。香りが出たら
1を入れて弱火でじっくりと炒める。仕上げにパクチーを加え、
塩で味をととのえて火を止める。

カルニータス *taco*

カルニータス
チチャロン

伝統カルニータス（p.19）とは少し表現を変えたオリジナルバージョン。「薪火の上でトロトロと煮込んだ素朴なカルニータス」の風味を再現するため、煮込む前に豚肉をスモークし、煮上げ後に肉を焼いて、「表面は香ばしく、中はとろけるようなやわらかさ」の仕上がりに。さらにカリカリの自家製チチャロンをトッピング。豚の風味とテクスチャーを複層的に楽しむ、現代的カルニータス。

カルニータス

豚バラ肉
塩
ラード
タイム
オレンジの表皮
ニンニク
塩

1 豚バラ肉に塩をまぶしてひと晩マリネする。
2 軽くスモークをかけ、香りづけする。
3 鍋に移し、ラードをひたひたに加える。タイム、オレンジ表皮、ニンニク、塩も加えて火にかけ、やわらかくなるまで約3時間煮る。
4 冷ましてからひとり分のブロックに切り分ける。

チチャロン

豚の皮

1 豚の皮をゆでこぼし、よく洗う。ひとくち大に切り分ける。
2 乾燥機にひと晩入れて、しっかりと水分をとばす。
3 煙が出るほど高温に熱した油（約250℃）で、揚げる。

5 サラマンダーで加熱して、表面をカリカリに焼く。
6 【盛りつけ】食べやすく包丁で3〜4等分して、トルティーヤにのせる。チチャロンを砕いて盛る。

Los Tacos Azules

シラス入りオムレツ *taco*

メキシコの屋台では、卵のタコスといえばスクランブルエッグが定番
だが、ここはていねいに焼いた半熟オムレツで。和歌山のおいしい釜
揚げシラスを入れている。サルサ・ヴェルデの爽やかな辛さが、シラス
の繊細な風味を引き立てる。

シラス入りオムレツ

サルサ・ヴェルデ（p.34）

釜揚げしらす

シラス入りオムレツ
卵　1個@タコス2個
釜上げしらす（和歌山・山利製）　大さじ山盛り1
セラーノ（みじん切り）　少量
塩、植物油

1　卵をとき、しらす、セラーノのみじん切り、塩を加え混ぜる。
2　フライパンを熱して油を引き、1を流して半熟のオムレツをつ
　　くる。

Los Tacos Azules

焦がしナスのペーストとヤギチーズ *taco*

ベジタリアンのタコスは最近とくに人気。これは、焼きナスをババガムーシュ風のピュレにしてヤギチーズと合わせたオリジナルタコス。メキシカンミントと呼ばれるハーブ、エパソテの爽やかな香りもポイント。

焦がしナスのペースト

エパソテ入りヤギチーズ

アボカド　パクチー

エパソテ

エパソテ入りのヤギチーズ
山羊乳のチーズ
　（栃木・今牧場の「朝日岳」）
セラーノ
エパソテ（青梅ファーム）

セラーノ、エパソテをそれぞれ適当にきざみ、山羊乳チーズに混ぜ込む。

焦がしナスのペースト
ナス　4個
ニンニク　1かけ
セラーノ　4個
塩、オリーブ油　各適量

1　ナスを直火で真っ黒になるまで焼き、さらに軽くスモークする。ニンニクはオーブンで焼く。
2　1とセラーノ、オリーブ油、塩を合わせてフードプロセッサーにかけ、なめらかなピュレにする。

Los Tacos Azules

押し豆腐のチリソース煮込み *taco*

押し豆腐のチリソース煮込み

メキシコの家庭料理、ケソ・エン・サルサ（フレッシュチーズのチリソース煮）からのアレンジ。日本のおいしい豆腐でタコスをつくろうと考えた1品で、言わば"メキシコ版麻婆豆腐"。豆腐の水気をしっかりときることがポイントだ。サルサのおいしさを味わう料理でもあり、ほかにもいろいろなサルサを使うことができる。

押し豆腐のチリソース煮込み
木綿豆腐　1丁
セラーノ（小口切り）　2〜3個
ニンニク（みじん切り）　1かけ
サルサ・ロハ（p.34）　約120ml
塩　適量
ホワイトコーンのマサ（水溶きする）　適量
　（または水溶き片栗粉）
パクチー　適量
油　適量

1　豆腐に重石をして半日おき、水気をしっかりときる。
2　**1**の豆腐をダイスに切る。
3　鍋に油を引いてセラーノとニンニクを炒め、香りが出たら豆腐を加える。軽く炒め合わせてサルサ・ロハを加え、ぐつぐつと煮る。塩で味をととのえ、水溶きマサを加えてとろみづけし、火を止める。パクチーを加える。

Los Tacos Azules

レンコンのチョリソ炒め *taco*

伝統のパパ・コン・チョリソ（ジャガイモとチョリソの煮込み→p.24）
の材料を、レンコンに替えて。レンコン独特の土の香り、シャキシャ
キ感とチョリソの旨みがおいしい組み合わせ。

レンコンのチョリソ炒め

パクチー

レンコンのチョリソ炒め
レンコン
自家製生チョリソ*
ラード、塩

*豚肉と豚背脂を挽いて合わせ、タレ（湯で
もどしたワヒーヨ、ホワイトヴィネガー、ニン
ニク、マジョラム、タイム、塩をミキサーにか
ける）でマリネし、2日間以上寝かせたもの。

1　レンコンの皮をむき、ひとくち大にカットする。
2　鍋にラードを引いて1を炒める。塩をふり、火が通ったら生
チョリソを加えて軽く炒めわせ、火を止める。

チチャロンとサボテンの煮込み *taco*

メキシコの屋台タコスの定番で、サボテンの一番おいしい食べ方だと思う。サボテンは不思議な食材で、そのままだとぬめりがあり、煮込むと牛スジのような歯ごたえになる。酸味が強いが、このように調理することで味もテクスチャーも心地よいバランスになる。栄養豊富で植物繊維に富むスーパーフードで、とくに日本で紹介したい1品。

> チチャロンとサボテンの煮込み
> フリホーレス豆のペースト
> パクチー
> チチャロン

チチャロンとサボテンの煮込み

ノパル（ウチワサボテン）　400g
チチャロン（p.36）　1つかみ
玉ネギ（みじん切り）　1/2個
ニンニク（みじん切り）　1かけ
セラーノ（みじん切り）　好みで1本〜
サルサ・ヴェルデ*　100ml
塩
パクチー

*サルサ・ヴェルデ
テーブル用のサルサ・ヴェルデ（p.34）と材料構成は同じ。ミキサーにかける際に、なめらかなペースト状になるまでしっかりと回したもの。

1　ノパルのトゲをけずり、角切りにする。塩入りの湯で、色がくすむまでゆでて粘りを除く。ザルにあげてとろみをきる。
2　鍋にサラダ油を引き、玉ネギ、ニンニク、セラーノを炒め、**1**を加える。全体がなじんだらサルサ・ヴェルデ、チチャロンを加える。チチャロンがとろけて全体がなじむまで軽く煮る。
3　オーダーが入ったら、**2**を温め、パクチーを加える。
4　【盛りつけ】トルティーヤに豆のペーストをぬり、**3**をのせ、砕いたチチャロンを散らす。

フリホーレス豆のペースト

フリホーレス（乾燥インゲン豆／黒）　適量
塩
ラード　豆の10％が目安

フリホーレスのペーストは「トルティーヤと具材をつなぐ」存在で、多くの場面で使用している。これを挟むことで風味やテクスチャーにまとまりが生まれるだけでなく、転がり落ちやすい具材を留める糊となり、水っぽい具材の水分吸収シートにもなり、ボリューム感も出せる。

1　豆を1日水に浸けて戻す。ザルに上げ、鍋に入れて新たな水と塩を加え、やわらかくなるまでゆでる。
2　**1**を煮汁と一緒にフードプロセッサーにかけてなめらかなピュレにする。
3　**2**を厚手の鍋に移し、ラードを加えて火にかける。焦げないようにたえず練り混ぜながら、鍋肌につかなくなるまで加熱する。

TACOS
SHOP

タコスショップ

TACOS SHOP

タコスショップ／東京・吉祥寺

オリジナルタコスで
BARを個性化

JR吉祥寺駅東口の人気スポット、ハモニカ横丁の立ち飲みBAR。2坪ほどの超狭小店ながら、つまみのタコスがおいしいと飲食感度の高い人たちの間で評判に。いつしかタコスのホットスポットとなった。*

オーナーの近藤輝太郎さんは、最初からメキシカンバーを狙ってここを開いたわけではない。「まず店舗ありきで、契約してからさて何をしようかと。家賃が高いのでお酒をしっかり売るのは必須。でもただのバーではつまらない。おいしくて、ワクワクして、自分たちも楽しいもの……行きついたのがタコス」

もともとyoutubeやNetflixで海外の料理番組やドキュメンタリーを見て、メキシコのタコスに惹かれていた。それからは、シェフの星穣さん（バックボーンはイタリア料理）とともにネットで情報を集め、メキシコ人シェフに学び、試行錯誤しながら「オリジナルなタコス」を創作してきた。

「メキシコにも行き、タコスとはメキシコのパワーフードなのだと実感しました。日本のお握りと一緒で、どんな料理もトルティーヤで包めばタコスになる。その印象がぼくたちのタコスの土台になっています。」（星さん）

今までにメニューにエントリーしたタコスは約300。まさに融通無碍のタコスだが、といって、何でもありの無双タコスと違う。「たとえば豚キムチは間違いなくトルティーヤに合いますが、それをしたらイージーすぎるでしょ。だから醤油は使いません。僕たちがメキシコで感じ、解釈したタコスの一線を守った上でのオリジナルです」と近藤さん。肩の力は抜きつつも、味わいの狙いどころはきっちり。その絶妙な加減が本領だ。

写真下左／この店を開く前からピッツェリアでオーナーとシェフの間柄だった近藤さんと星さん。タコスを始めるにあたってはともにアイディアを出し合い、メキシコを視察旅行して、ふたりでスタイルをつくってきた。
右／2坪のミニマル店舗は、カウンターのみ。店前の小さなスペースに簡単なテーブルとベンチを置く。

DATA

住所	＊吉祥寺店は'22年に稼働終了。
	（池尻店）東京都世田谷区池尻2-31-17
営業時間	16：00－26：00
定休日	不定
開業	2017年12月
席数	立ち飲み
価格例	タコス400～600円@1個

トルティーヤにはテーマ具材のみをのせ、選り取り見取りのサルサプレートを添える

毎日10数点を用意するタコスは、どれも「トルティーヤにメインの具材をのせただけ」で、ガーニッシュは別添え。見た目もシンプルで、「何を食べるか」が一目瞭然だ。そこに、サルサとトッピング計7～10種類をのせたプレートを添えて出している。写真には映っていないが、素材名を書いた紙もつけてある。

「以前はつくり手として選んだものをのせていましたが、『パクチー食べられますか?』とか『辛いソースはOK?』と毎度尋ねるのが結構大変で。手間を省くためにこの形にしましたが、見た目に華やかですし、イロイロ選んだり組み合わせる楽しさもあって、結果的に満足度が上がり、客単価も上がりました」（近藤さん）

タコスは日替わりで約15種類。内容は随時変わっていく。トルティーヤなしで具のみ、というオーダーもできる。

2色のトルティーヤをランダムに使用

トルティーヤはメキシコ産の『Naturelo』ブランドのマサ粉からつくる。「入手可能な粉製品の中では香りが強く、冷めても持続力がある」（星さん）のがチョイスの理由だ。「小麦粉と違って練りすぎてグルテンが出ることもないし、ベンチタイムも必要ないので扱いは楽。そのぶん材料の質がすべてです。香り高い粒コーンから自家製できれば一番ですが、デイリーに行うのは難しいのでこのやり方が善後策」（同）。ブルーとホワイトの2色を用意して、ランダムに具材をのせている。

トルティーヤ1枚はマサ20gで、焼き上がりサイズは直径約11㎝。営業中に都度ある程度の枚数を焼いて布でくるんで保温し、使う。

新店舗でさらなるタコス進撃

2021年3月末には、池尻に5坪の新規店舗をオープン。バーフードとしてのタコスの魅力とポテンシャルをさらに追求する。店舗としての重点も徐々に新店に移していく予定という。

営業中は鉄板ひとつで調理を完結。最小ポーション×複数を同時に行う工夫

コックピット型キッチンはひとり立てばやっとのサイズで、B4サイズほどの小さな鉄板だけで加熱調理を行っている。「いかに鉄板を汚さずに調理するか」がオペレーションのポイントだ。チーズやフォワグラを焼くなら鉄板で直接焼かずにアルミ箔を敷いた上で行い、ひとり分のスクランブルエッグはアルミ箔でつくった即席容器の中でつくる。

具材やマサは週に1回、店舗外に借りているシェアキッチンでまとめて仕込んでおき、店舗では仕上げ調理と卵料理のみをオーダーごとに行う。

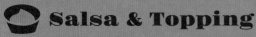

Salsa & Topping

基本のサルサ&トッピング

サルサ・ロハ

「辛み」担当のサルサ。ソースは「食べやすくするための水分」ととらえているので、濃度が出るまでは煮詰めず、さらっとした仕上がり。

トマト　6個
アルボル（乾燥）　10個
ニンニク　5かけ
塩　適量
植物油　適量

1　トマトをローストする。
2　チレ・アルボルを切り開いて種を除き、乾煎りする。
3　ニンニクを皮ごとローストして、皮をむく。
4　1〜3を合わせてブレンダーにかけ、塩で味をととのえる。

サルサ・ヴェルデ

「フレッシュなグリーンノート」を担うサルサ。メキシコでは生鮮のトマティーヨが使われるが、日本で常時入手できるキュウリを酢で軽く煮て、アヴォカドでコクを、ピーマンで青臭みを補強。温めてもおいしく、白身魚にもよく合う。

キュウリ　10本
米酢と水（1対1）　各適量
玉ねぎ　1/2個
ニンニク　2かけ
クミン　小さじ2
アヴォカド　1個
ピーマン　5〜6個

1　キュウリ、玉ねぎ、ニンニク、クミンを鍋に入れ、米酢と水を加えて（かぶるまで）、沸かす。約30分間煮る。完全に冷ます。
2　1、皮と種を除いたアヴォカド、種を除いたピーマンを合わせ、ブレンダーにかける。

サルサ・マチャ

トウガラシの旨みと辛み、ナッツのリッチな風味が渾然一体とした、パンチとコクのあるサルサあるサルサ。メキシコ人の知人に教わったレシピ。

モリタ　50g
アンチョ　50g
パシーヤ　100g
ピキン　50g

ニンニク　2かけ
アップルヴィネガー　200g
水　200g
塩　10g
ナッツのペースト
　カボチャの種　100g
　ピーナッツ　200g
　アーモンド　100g
　ゴマ　100g
　オリーブ油とキャノーラ油
　　各400g

1　4種類のトウガラシの種を取り、乾煎りする。
2　1にアップルヴィネガー、水、塩を合わせトウガラシに水分を吸わせながら煮込む。フードプロセッサーにかけ、ペーストにする。
3　ナッツとゴマをオリーブ油とキャノーラ油とともにフードプロセッサーにかけてペーストにする（好みで粗挽きでもよい）。
4　2と3を混ぜ合わせる。

サルサ・シラントロ

パクチーの香りとシャキシャキ感を生かした、パクチー好きにはたまらないサルサ。

パクチーの茎と根の塩漬け
　100g
青トウガラシ　5本
クミン　小さじ1/2

1　葉を使った後のパクチーの根と茎を塩漬けし、ためておく。
2　ある程度の量が溜まったら、青トウガラシ、クミンとともにミブレンダーにかける。

サルサは辛3、非辛2〜3を用意する。こ
の日は①サルサ・マチャ、②サルサ・ロハ、
③サルサ・シラントロ、④サルサ・ヴェルデ、
⑤マンゴーピュレ、⑥パクチー、⑦赤玉ね
ぎ、⑧ミント、⑨カットライム、⑩塩。

TACOS SHOP

ラムのパプリカ風味 *taco*

仔羊の煮込み、パプリカ風味

燻製パプリカパウダーでコク、甘み、繊細な辛みをつけた仔羊の煮込み。今回は肩肉だけだが、いろいろな部位を一緒に煮込むと香りが複雑になってさらにおいしい。

仔羊の煮込み、パプリカ風味

仔羊のショルダーロイン　2〜5kg
玉ネギ（皮ごと輪切り）　1個
塩　適量
燻製パプリカパウダー（甘口と辛口）
　各適量

1　仔羊肉をこぶし大ほどの大きさに分ける。

2　**1**と玉ネギを鍋に入れ、かぶる程度の水と塩を加え（"しょっぱめのスープ"の塩梅にする）て火にかけ、沸騰したら弱火にしてやわらかくなるまで煮る。

3　肉を取り出して、1日分のポーションに分け、煮汁とともに保存パック袋に入れる。このとき、それぞれに燻製パプリカパウダーを加えてよく肉になじませる。

4　オーダーが入ったらひとり分を温める。

TACOS SHOP

ハイビスカスとリコッタ *taco*

メキシコの日常に欠かせないハマイカ（ハイビスカスティー）。その抽
出後の花弁を料理食材に、というアイディアから生まれた、ハイビス
カスのソフリート。ほどよい甘みと酸味、華やかな香りがあり、キクラ
ゲのようなテクスチャーも楽しい。これをリコッタと合わせる。

ハイビスカスのソフリート

リコッタ

ハイビスカスのソフリート
玉ネギ　1個
ミニトマト　10個
ニンニク　1かけ
ハイビスカス（乾燥）　大きく2つかみ
オリーブ油　適量

1　熱湯でハイビスカスをインフューズし、漉して花弁を取り分
ける（液体はドリンクとして別に使用）。
2　玉ネギ、ミニトマト、ニンニクをみじん切りして、オリーブ油
で炒める。とろとろになったら花弁を入れて、軽く煮込む。
3　オーダーが入ったら軽く温める。

トリッパと高菜 *taco*

トリッパと高菜漬けの煮込み

高菜のおいしい塩気と旨みはトルティーヤに合うのでは…というアイディアが出発点。トリッパと高菜を一緒に煮込んでみたら、発酵の旨みがトリッパのコクを深めて、予想以上の相性のよさ。トルティーヤの香ばしさがおいしさをさらに引き立てる。

トリッパと高菜漬けの煮込み

牛ハチノス　2kg
香味野菜
　ニンジン　1/2本
　玉ネギ　1/4個
　セロリ　1/4本
　トマトのへた、ハーブのくずなど　適量
塩　適量
高菜漬け　2塊

1　牛ハチノスを塩入りの湯でゆでこぼし、洗う。
2　鍋に湯を沸かし、**1**、香味野菜、塩（量は控えめ）を入れ、ハチノスがやわらかくなるまで煮る。引き上げて、短冊に切る。
3　鍋にハチノス、きざんだ高菜漬け入れ、**2**の煮汁を加えて火にかける。味がなじむまで煮込む。

カルニータス *taco*

カルニータス（豚肩ロースのコンフィ）

豚の肩ロースとニンニクだけでつくったカルニータス。肉をトウモロコシの皮で包んで煮ることで、ほんのりと香ばしさを。トルティーヤとの香りの一体感もいっそうアップする。

カルニータス（豚肩ロースのコンフィ）

豚の肩ロース　5～10kg
コーンハスク（乾燥させたトウモロコシの皮）
　約15枚
ニンニク　4塊
塩　肉の重量の1.3%

1　豚の肩ロースから脂身をはずし、小さく切る。赤身も適当な大きさに切り分ける。
2　鍋の底に脂肪を敷き詰める。コーンハスクを一面に敷いて赤身肉とニンニクを置き、その上にもハスクをかぶせる。火にかけてゆっくりと脂肪を溶かし、約90℃を保ちながら、やわらかくなるまで煮る。
3　肉を取り出し、こまかくほぐす。

あん肝 *taco*

あん肝

お酒にさらして蒸しただけのシンプルなアンキモには、好みのサルサ
や薬味をたっぷりかけて。度を超さなければ、甘いも、辛いも、酸味
もハーバルも、何でもよく合う。

あん肝
アンキモ
塩
酒

1　アンキモの血管やスジを掃除して水で洗い流す。
2　ボウルに酒と水を同量合わせ、塩を加えて**1**を約1時間浸ける。
3　水気をしっかりときり、ラップフィルムで包んで、スチームで20〜30分間加熱する。

サボテンとスクランブルエッグ *taco*

メキシコでは定番の"サボテン入りスクランブルエッグ"。ここではサボテンを鉄板で焼いてこまかく叩き、表皮のシャキシャキ感とねばねばの対比を強調。スクランブルエッグは生クリーム入りのなめらか仕立てで。

サボテンのなめろう風

スクランブルエッグ

サボテンのなめろう風
ウチワサボテン（ノパル）
塩

1 サボテンの葉の表面のトゲを包丁でそぎ落とす。縁のかたい部分を切り落とし、身の厚い部分に切り目を入れる。
2 鉄板に並べて塩をふり、両面をこんがりと焼く。
3 包丁で細かくきざむ。塩で味をととのえる。

スクランブルエッグ
卵　1個
生クリーム　大さじ2
塩　少量

1 といた卵に生クリーム、塩を加え混ぜる。
2 鉄板にのせた琺瑯（またはアルミ箔）の器にオリーブ油を引いて**1**を流し、スクランブルエッグにする。

三種の青菜 *taco*

三種の青菜炒め

香りの濃い3種の青菜をニンニクでソテーして、トルティーヤにオン。
シャキシャキ、ぬるぬるのテクスチャーのコントラストもおもしろい
ヴィーガンタコス。イタリアの前菜「カーボロネーロ・アル・ブルス
ケッタ」（黒キャベツのトーストのせ）からのアレンジで。

<u>三種の青菜炒め</u>

ダイコン菜
アシタバ
ケール
ニンニク（皮つき・叩く）
オリーブ油
塩

1　青菜3種はそのときにある、香りの濃いタイプのものを選
ぶ。適当な長さに切っておく。
2　ニンニクをオリーブ油で炒め、香りが出たら**1**を加えて炒め
る。まとめて仕込み、オーダーが入ったら適量を取り分けて温め
る。

TACOS SHOP

りんごの煮込み *taco*

シュトゥルーデル風のりんごの煮込み

日替わりのメニューには必ず「チーズ系のタコス」「デザート系のタコス」（あるいはそのミックス）を入れている。デザート系もお酒に合う仕上がりだ。リンゴとサツマイモを一緒に煮たバージョンもある。

__シュトゥルーデル風りんごの煮込み__
リンゴ
グラニュー糖
バター
レーズン
クルミ
シナモン

リンゴの皮と芯を除き、くし形に切る。グラニュー糖をまぶして、バターで炒めてカラメリゼする。レーズン、クルミを加えて、リンゴから出た水分で煮込む。仕上げにシナモンパウダーを加える。

KITADE SHOKUDO

北出食堂

KITADE SHOKUDO

北出食堂／東京・馬喰町

ここにしかない
トーキョータコス

"日本によくあるメキシカン"とは異なるブルックリン風のおしゃれな雰囲気の店舗──『北出食堂』は、創作タコスを看板商品とするビストロだ。2018年に東京駅グランスタ東京内に、'20年9月には日本橋カミサリー内（セントラルキッチンを兼ねる）に支店を、そして'20年2月には兜町『ブルックリンブルワリー』でフード提供を開始。「話題の江戸下町エリアで、クールなタコス」のコンセプトを着々と発信している。

　オーナーの北出茂雄さんとタコスとの出会いは、DJ修業のため丸6年を過ごしたニューヨーク。そこで初めて食べた本格的メキシカンタコスに衝撃を受けたという。現地はタコスブームで、本場風タケリア、モダン系のテクスメクス、コリアンメクス……等々、あまたのバリエーションが花開いている。それなら日本の食材とトルティーヤとのハーモニーにも無限の可能性があるはず。「東京ならではのタコス」をつくりたい、と帰国して開業を果たした。

　プロ料理人ではないが、もとから大の料理好き。メキシコ人の友人シェフに習ったテイストと、自分の人生での舌の記憶を頼りに料理して、オリジナルのタコスを構成してきた。〆鯖や秋鮭、テンペなどを使った創作タコスは、この店の顔だ。

　ラインナップには、カルニータスのような定番タコスもある。伝統であれモダンであれ、「健康とサステナビリティ」が前提で、それが北出さんがタコスに託す最大のテーマでもある。そのために何年もかけて国産のトルティーヤづくりに挑むなど、食材探しに心を砕いてきた。タコスとはジャンクフードではなく、美味しくて健康的な食文化であることを伝えたいという。

屋号が「食堂」なのは、東京の普通の食生活にタコスを根付かせたいという思いから。海外帰りの人、外国人やタコス好きのフーディーと並んで近在のファミリー客も多い。地元商店街のおじさんたちも一杯飲みに寄っていく。

トルティーヤの自家製開始後、プロのメキシカンやフレンチ料理人の入店希望者が出はじめた。「トルティーヤをつくりたい、メキシカンテイストを知りたい、という注目度の高さを実感しています」（北出さん）。

DATA

住所	東京都千代田区岩本町1-13-5
	https://kitadeshokudo.com
営業時間	水-金 11:30-14:30 17:30-22:00
	土日 11:30-14:30 17:00-22：00
開業	2013年12月
席数	32
価格例	タコス500円〜@1個

北海道産トウモロコシを使った念願の国産トルティーヤ

開業当初から「タコスの命はトルティーヤ」と考え、コーン粒から直接、それもできれば日本のトウモロコシから自家製したいと夢に描いていたという。すぐには実現できず、製品化されたマサ粉を使っていたが、3年前から北海道栗山町産トウモロコシを使って自家製を開始している。このトウモロコシは、国産小麦を軸とした持続可能な畑作りプロジェクトの一環で、輪作のひとつとして緑肥目的に栽培されるもの。生鮮で流通するものとは異なる、甘くない昔の素朴な"モロコシ"で、フレーバーはトルティーヤにぴったりだ。低農薬で価格的にも合う。まずは手挽きのミルでマサをつくりはじめ、一方で、セントラルキッチンを含めた店舗拡大に合わせてメキシコからミルやグリドルなどの設備を輸入し、'20年6月から本格的に生産を開始している。

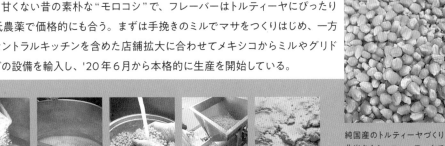

セントラルキッチンで週3回、各20kgのコーンをニクスタマルしている。①水に5％量の石灰を加えて沸かす。石灰は青森県のホタテの貝殻粉を使用。②コーン粒を入れ、混ぜながら6分間ゆでる。火をとめてひと晩おく。③翌日、水洗いする。④水を加えながら、石臼のミルで挽く。⑤挽きたてのマサの状態。

純国産のトルティーヤづくりは北出さんと、ニューヨークで飲食ビジネス業を展開し、同食堂会長として北出さんをバックアップする鈴木誠さん、ふたりの夢。現在のコーンはかつて日本の企業が開発した品種で、「いずれは在来種でつくれたら」という。

パスタマシンでのばし＆カット

黄色味が強く、黒い粒が点々と見える。「この黒い粒がコーンが完熟した証です」（北出さん）。

マサに水を足してちょうどよい固さ、なめらかさになるまで練り、トルティーヤ用のカッターがついたマシンにかけて整形する。

北出食堂のトルティーヤが完全な円形をしているのは、メキシコ製の専用プレスカッターでカットしているから。「1日200枚ともなるとハンドプレスするのは大変でしたが、1年前にこれを使い始めて格段に効率があがりました」。1枚がマサ25g、生で直径13cm（焼き上がり時12cm弱）。日本橋の店舗では18gの小さめトルティーヤを2枚づけしている。

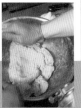

オプションのテーブルサルサは2種類

タコスのラインナップは約15種類。いずれも辛さは控えめで、提供時にチポトレサルサ、アヴォカドベースのサルサ・ヴェルデをオプションとして添え、辛さと風味を好みで調整してもらう。カットライムも必ず。

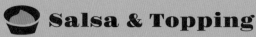
Salsa & Topping

基本のサルサ＆トッピング

チポトレ・サルサ

生トマトの酸味とチポトレのコクのある辛みがベース。見た目以上にフレッシュ感がある。

| トマト　1kg |
| アドボ漬けのチポトレ　80g |
| 玉ネギ　240g |
| パクチーの茎　60g |
| ニンニク　4g |
| マジョラム　2つまみ |
| 粗塩　30g |

材料をブレンダー（バイタミックス）に合わせ、なめらかになるまで回す。

サルサ・ヴェルデ

北出食堂のサルサ・ヴェルデは、「ワカモレをサラサラにゆるめた感じ」。水分の大半は、蒸し玉ネギから出たもの。辛み控えめで、口当たりはクリーミー、風味は爽やか。

| アヴォカド　300g |
| 玉ネギ　1.5kg |
| パクチー　100g |
| ハラペーニョ　500g |
| ライム汁　150g |
| 粗塩 |
| キャノーラ油　1200g |

1　玉ネギをブレンダーで粗くきざみ、蒸す。

2　1、パクチー、ハラペーニョ、ライム汁をミキサーにかける。ピュレになったらアヴォカドを加えて回し、さらにキャノーラ油を加えて回してつなぐ。

自家製カッテージチーズ

メキシコのケソ・フレスコ（軽い塩気のあるフレッシュチーズ）の代用。細かくほぐして使用する。

| 牛乳　1リットル |
| 白ワインヴィネガー　60ml |

1　牛乳を温め、ヴィネガーを加える。しばらくすると固形分とホエーが分離してくる。

2　布で漉し、水分を自然に落とす。

3　フォークでぱらぱらにほぐす。

ピコ・デ・ガヨ

いわゆるサルサ・メヒカーナ。タコスの仕上げにフレッシュ感を加えたいときに添える。

| トマト（小角切り）　1kg |
| 玉ネギ（小角切り）　375g |
| ハラペーニョまたは青トウガラシ |
| 　（みじん切り）　25g(好みで調整) |
| パクチーの茎（みじん切り）　2房 |
| 粗塩　25g |
| レモン汁　35g |

材料を合わせる。

赤玉ネギのピクルス

甘酢を使った日本人好みのピクルス。

| 赤玉ネギ |
| 塩 |
| マリナード（白ワインヴィネガー、きび糖、タイム） |

1　赤玉ネギのスライスに塩をふってなじませ、水気を絞る。

2　1をマリナードに漬ける。

KITADE SHOKUDO

〆鯖 *taco*

〆鯖がタコスに？　きっと合うはずと思い描いた味が、今では店の名物に。パクチーサルサの香りと歯ごたえ、自家製カッテージチーズのまろやかさが、濃いめのすし酢で締めたサバとトルティーヤの風味をつないでくれる。"自由な東京タコス"のシンボル的な1品。

| 〆鯖 | パクチーサルサ |
| トマトのダイス | すりゴマ |
| 自家製カッテージチーズ（P.62） |
| ワサビ |

〆鯖
サバ
塩
すし酢＊

＊配合は、米酢900ml、粗塩135g、きび糖500g。

1　サバを掃除してフィレにおろす。塩をふって約30分間おく。水洗いし、水気をふき取る。
2　すし酢をふって約1〜2時間マリネする。
3　**2**のサバの皮を引きはがし、皮下の面をバーナーであぶる。切り分ける。

パクチーサルサ
パクチーの茎（みじん切り）
赤玉ネギ（みじん切り）
すし酢
焙煎ゴマ油

1　パクチーの茎と赤玉ねぎをほぼ同量合わせる。
2　すし酢とゴマ油を（1対2の割合で）ひたひたになるよう加える。

ブラウンマッシュルームのソテー *taco*

肉厚なマッシュルームの旨みがコーン風味によく合い、つねに人気の
1品。トウガラシを使わないヴィーガンタコスで、子どもの客や「辛い
ものNG」な人にも。

マッシュルームのソテー

玉ネギみじん切り

パクチー

マッシュルームのソテー
ブラウンマッシュルーム　ひとり分4～5個
タイム、オリーブ油　各適量
ガーリックオイル（自家製）

1　マッシュルームを厚めに切る。
2　鉄板にオリーブ油を引き、マッシュルームとタイムを炒める。仕上げにガーリックオイル（ニンニクのみじん切りを低温のオリーブ油で1～2時間加熱したもの）を2滴たらす。

テンペフライ *taco*

常盤食品のテンペはクセがなく、おいものようにホクホクした食感。
これにトマトソース風のサルサを添えた1品。ハラペーニョのピクルス
が辛みと香りのアクセント。

テンペのフライ

チポトレトマトサルサ

赤キャベツせん切り　パクチー

自家製カッテージチーズ（P.62）

ハラペーニョのピクルス

テンペのフライ
丸大豆（東京府中、常盤食品製）
小麦粉、塩、油　各適量

テンペをひとくち大にカットして小
麦粉を薄くまぶし、揚げる。塩を
ふる。

チポトレトマトサルサ
トマト（ダイス・缶詰）　350g
アドボ漬けのチポトレ（缶詰）　70g
ニンニク（みじん切り）　1かけ
玉ネギ（みじん切り）　1個
オリーブ油　適量

オリーブ油でニンニクを炒め、香りが出たら玉ネギを加
えて透明になるまで炒める。トマト、チポトレを加え、
ほどよく水分がとぶまで煮る。

パクチーシュリンプ *taco*

人気のシュリンプソテーには2タイプがあり、これはパクチーとショウガをきかせた中華風。ほかにティンガ用ソース（→p.71）で仕上げたメキシカンバージョンがある。

パクチー風味のシュリンプソテー

パクチー

パクチー風味のシュリンプソテー

エビ（ブラックタイガー）　ひとり分4尾
パクチーオイル*　大さじ1
パクチーの葉　ひとつまみ

1　エビの殻をむき、掃除する。
2　鉄板に油を引いてエビを置き、片面が色づいたら裏返し、パクチーオイルとフレッシュのパクチーの葉を加え、エビにからめながら仕上げる。

パクチーオイル

パクチーの茎（みじん切り）　2カップ
ニンニク（みじん切り）　1かけ
ショウガ（みじん切り）　1かけ
キャノーラ油　適量
塩

パクチーのみじん切りに、ニンニク、ショウガを合わせる。鍋に取り、キャノーラ油をひたひたに加え、弱火で焦がさないように約1時間煮る。塩で味をととのえる。

スアデロ *taco*

スアデロ（牛の胸の部位）もメキシコの定番タコス。専門店では、脂で煮た牛肉を小さくカットし、ジンギスカンのような大きな鉄鍋で豪快に焼く。これはそのアレンジ版。

> 牛のスアデロ
>
> サルサ・ヴェルデ（p.62）
>
> 玉ネギのみじん切り
>
> パクチー

牛のスアデロ

牛のブリスケット（ばら肉）　2kg

塩　30g

牛脂　適量

玉ネギ（粗切り）　1個

オレンジ（輪切り）　1個

ベイリーフ　1枚

オールスパイス　1つまみ

黒コショウ　1つまみ

タイム　1つまみ

1　牛のブリスケットを肉叩きで叩き、やわらかくする。重量の1.5％の塩をまぶし、よくすりこむ。

2　鍋に**1**、玉ネギ、オレンジ、スパイスを入れ、牛脂をかぶるまで加える。90℃のコンベクションオーブンで8～10時間加熱する。

3　オーダーが入ったら肉を小さくカットして鉄板でさっとソテーする。

ラムステーキ *taco*

中国料理のちょっと甘辛い仔羊炒めから発想した1品。仔羊独特の風味と、醤油ベースのスパイシーな甘辛ソースが、トルティーヤのトウモロコシの香りによく合い、常時人気のタコス。

仔羊のソテー、クミン醤油風味

蒸し玉ネギのコンカッセ

パクチーの葉

仔羊のソテー、クミン醤油風味

仔羊もも肉　1kg
　塩　20g
　クミンパウダー　10g
　玉ネギ（スライス）　適量
クミンシード（ホール）　1つまみ
かえし醤油*　適量

*こいくち醤油1L、きび糖200g、みりん100mlを合わせて加熱したもの。

1　仔羊のもも肉を1.5cm角に切る。塩、クミンパウダーであえ、玉ネギと合わせてひと晩マリネする。

2　オーダー後、少量の油を引いた鉄板に置き、片面が焼けたら裏返し、クミンシードをたっぷりめに加え、かえし醤油をひと回しかけてからめる。

マグロのステーキ *taco*

カジキのさっぱりソテー＋フレッシュ野菜＋ピリ辛マヨネーズ…という、
スタンダードかつ黄金の組み合わせ。トマトベースのマヨネーズは卵不使
用で、チポトレの辛み、マイルドなニンニク香がきいてクセになるおいしさ。

カジキマグロのソテー

チポトレマヨ

ピコ・デ・ガヨ（p.62）

アボカド

カジキマグロのソテー
カジキマグロを1cm角に切る。塩、コショウ
をふり、油を引いた鉄板でさっと焼く。

チポトレマヨ
 アドボ漬けのチポトレ　80g
トマト　650g
ニンニク（ガーリックオイル用に漬けたもの）
　80g
玉ネギ　80g
パクチーの茎　30g
キャノーラ油　200g
塩　大さじ3

1　ニンニクは、ガーリックオイル（ニンニクとオリーブ油を合わ
せて、低温で加熱する）をとった「だしがら」を使用。
2　材料を合わせて、ブレンダーで混ぜる。

ニンニクは加熱済なので
臭みがなく、これが乳化
剤替わりになる。

チキンティンガ *taco*

ニューヨークで友人のシェフから教わったレシピで、トマトとチポトレ
のおいしさを完全にひとつにするサルサのつくり方に特徴がある。は
じめて食べたとき、タコスのおいしさに衝撃を受けた思い出の1品。

チキンティンガ

鶏の胸肉　2kg

（塩、ローリエ、黒コショウ、パクチー）

トマト　大4個

アドボ漬けのチポトレ（缶）　100g

塩　大さじ3

キャノーラ油　30ml

玉ネギ（スライス）のソテー　1kg

1　鍋にたっぷりの湯を沸かし、塩、ローリ
エ、黒コショウ、パクチーを加える。沸騰し
たら鶏むね肉を入れ、火を止めて30分間そ
のまま置く。

2　肉を取り出し、身をほぐす。

3　ティンガのサルサをつくる。まずトマトを
オーブンで焼いて、しっかりと焦がす。

4　ミキサーに**3**、チポトレ、塩を合わせ、1
分間ほど回して、なめらかなペーストにする。

5　深鍋に油を引いて火にかけ、煙が出るほ
ど熱くなったら**4**を加える（油がはねるので
蓋で防ぎながら）。マグマのように煮えたぎ
らせ（＝トマトとチリとオイルの旨みがひとつ
になる）、1〜2分間で火を止める。

6　**5**が熱いうちに**2**の鶏肉、（あらかじめ
ソテーした）玉ネギを加えてなじませる。

7　オーダー後、鉄板でさっとソテーして香
ばしく仕上げる。

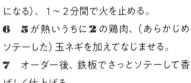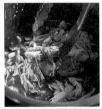

El Caracol

エルカラコル

El Caracol

エル カラコル／東京・四谷

屋台タコスと煮込み料理が主力、町のメキシカンキッチン

開業から2年。メキシコはじめ各国の外国人客と近在のファミリー客の利用がメイン。

オーナーの平塚雅行さんは、20年選手のメキシコファンだ。もともとメキシコ音楽のフリークで、料理との接点をもったのはテクスメクスのレストランでのアルバイトが最初。そのあとメキシコを旅した際に、アメリカのフィルターを通したものとは異なる本場テイストにカルチャーショックを受け、以来メキシコ食文化にどっぷりとはまっていった。

勤め先のレストランでシェフ経験を積みながら、メキシコの地方料理への興味を深め、いよいよ開業した『エル カラコル』のテーマは、もちろん伝統メキシコ料理。フードは「屋台タコス」と「煮込み料理」の両ラインが推しだ。
「メキシコ料理は夏のイメージが強いですが、秋冬に食べたい料理もたくさんあります。メキシカンは夏限定ではないし、ラフなスナックばかりでもない。メヌード（牛もつの煮込み）などを通して日本の四季に合うおいしさ、しみじみとした家庭的なおいしさも伝えられたら、と」（平塚さん）。

タコスのラインナップは、いわゆる定番ものが中心で、現地で自身が食べて感動した味を核に置いて、これまでの経験や友人知人から習ったり学んだもので肉付けし、自分なりのアクセントを加えている。
「メキシコ人に懐かしいと思ってもらえるような料理を、日本の方にもわかりやすく伝えることが理想です」（同）

悩みつつ、チリコンカルネやナチョスなどテクスメクスのポピュラー料理も少し取り入れて門戸を広げる一方、マニアックな地方料理にも挑戦して、メキシコの食卓をアピールする。

「メキシカンは夏だけのものではない！」ことを伝えるためにも、煮込み料理に力を入れる。看板料理のメヌード（牛もつの煮込み）は、下ゆでしたハチノスを豚足スープで煮込み、チレ・ワヒーヨとチレ・アンチョのペーストを加えてさらに煮たもの。コクがあって、意外に後味は軽く、体がほっこり温まる。

左：それぞれメキシコマニアで、それぞれ何度もメキシコを一人旅して、メキシコの食文化にはまっていたという平塚雅行さんと友里子さん夫妻。同じメキシコ料理店に勤めたことが出会いのきっかけで、独立を決めてから夫婦でメキシコを2カ月まわり、開業を準備した。
右：エル・カラコル（カタツムリ）は、メキシコとなじみの深いアイコンのひとつ。農民解放運動サパティスタのトレードマークでもあることも意識して、店名にしたとか。

タコスに、トルティーヤを2枚づけ

トルティーヤに使用するマサは1枚約18g。これを2枚重ねにして具をのせるのが、エル カラコルのスタイルだ。注文はタコス1種類につき2個がワンセットなので、つまり1皿にトルティーヤが4枚ということになる。

「1枚のトルティーヤを小さめにして、2枚使う。具はたっぷりのせる。メキシコのタケリアでたまに見かけるスタイルで、これはいいなと思って」(平塚さん)。トルティーヤを少しずらして重ねれば具がこぼれにくい、汁を吸っても破けにくい。また、具を半分に分けて1枚にのせれば、小さくなって食べやすい。2個のタコスを4人で分けるグループ客もいて、「とくにタコス慣れした外国人のお客さんに喜ばれます」

マサは、メキシコ製のマサ粉 から仕込む。トルティーヤ用のマサにはホワイトコーン粉、エンチラーダやテテラス用のマサにはブルーコーン粉を使用。

辛さはお好みで。テーブル用ホットサルサ2種で調整。

どのタコスも、具、サルサ、トッピングの組み合わせによって味わいを完成させてあるが、オプションとしてホットソース2種のボトルと、薬味的にサルサ・メヒカナを添えている。「本当はもっと辛みをきかせたいタコスがありますが、子ども連れのファミリー客もいますし、メキシコ基準にはできません。全般に基本をマイルドにしておくぶん、テーブルのホットソースは欠かせません」。

ハラペーニョのサルサ(左)は、辛みと甘酸っぱさが調和した親しみやすい味。チポトレ・タマリンドのサルサ(上)は、タマリンドとチポトレを組み合わせた、複雑なフレーバーが特徴だ。メキシコでは"サルサが旨い店は、タコスが旨い"と言われるので、サルサでも個性を出していきたいという。

DATA

住所	東京都新宿区四谷4-10-1F
	https://elcaracol.owst.jp
営業時間	水・土17:00-22:30
	日15:00-21:30
開業	2018年12月
席数	16
価格例	タコス900円~@2個

トルティーヤを使った、メキシコ南部の町オアハカのスナック、「テテラス」。黒インゲン豆のペーストをトルティーヤで三角形に包み、鉄板で焼いたもので(豆ペーストにトウガラシを入れたものもあった)、現地で食べて感動し、月替わりの前菜セットで紹介した。

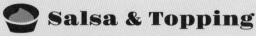 **Salsa & Topping**

基本のサルサ＆トッピング

ハラペーニョのサルサ

ハラペーニョの辛み
と甘酸っぱさのバラ
ンスがとれた、万人
向けのまろやかホット
ソース。

🌶 ハラペーニョ（ピクルス、
　季節により生）　500g
玉ネギ　1/2個
ニンニク　1かけ
植物油　適量
ホワイトヴィネガー　500ml
はちみつ　適量

1　ハラペーニョ、それぞれアルミ
箔で包んだ玉ネギ、ニンニクをオ
ーブンで約30分間ローストする。
2　1と残りの材料をミキサーに
かける。

サルサ・チポトレ・タマリンド

タマリンド特有の酸
味とチポトレのスモ
ーキー感が混じり合
った複雑なフレーバ
ーが特徴。ひと癖あ
る独特な風味のサル
サとして創作。

🌶 チポトレ（種を除く）　10個
🌶 アンチョ（種を除く）　1個
🌶 アルボル（種を除く）　3本
玉ネギ　1/2個
ニンニク　2かけ
タマリンド　100g
はちみつ、塩　各適量
オレガノ　適量

1　3種のトウガラシをバーナーで
焼き、熱湯に浸しふやかす。ミキ
サーにかけてペーストにする。
2　玉ネギとニンニクをアルミ箔
に包み、オーブンで約30分間ロ
ーストする。
3　1、2、残りの材料をミキサー
にかけて、漉す。

サルサ・メヒカーナ

ベーシックなピコ・デ・
ガヨ（角切り野菜の
フレッシュサルサ）。
汎用的に使う薬味的
なサルサ。

トマト（小角切り）
玉ネギ（小角切り）
🌶 セラーノまたはハラペーニョ
　（みじん切り）
パクチー（みじん切り）
ライム汁　適量
塩　適量

材料（各適量）を合わせる。

サルサ・ヴェルデ

フレッシュな辛みが
特徴。トッピングに
幅広く使用。脂っぽ
い肉系タコスも口当
たり爽やかに。

トマティーヨ（缶）　700g
🌶 セラーノ　4本
パクチー　2束
玉ネギ　1/2個
ニンニク　2かけ
ライム汁　適量
オリーブ油　適量
塩　少量

材料を合わせてミキサーにかける。

El Caracol

ポブラノとチーズ *taco*

フレッシュチーズを詰めたポブラノペッパーのソテー。メキシコのタケ
リアにあったシンプルな組み合わせで、香ばしいサルサを添える。サ
ルサには、旨みと赤色の強いトウガラシ、ワヒーヨと、プラムのような
甘みのあるアンチョをそれぞれローストして使用。

ポブラノとチーズのソテー

サルサ・ワヒーヨ

ポブラノとチーズのソテー
ポブラノ
モッツァレラチーズ
油、塩

1 ポブラノは直火で焼いて真っ黒に焦がし、皮をむく。
2 切り目を入れ、モッツァレラチーズを詰める。
3 鉄板でソテーする。塩をふる。
4 【盛りつけ】トルティーヤにサルサ・ワヒーヨをぬり、**3**を置く。

サルサ・ワヒーヨ
ワヒーヨ（種を除く）　8個
アンチョ（種を除く）　2個
トマト（ざく切り）　8個
玉ネギ（みじん切り）　1/2個
ニンニク（みじん切り）　3かけ
油、塩　各適量

1 ワヒーヨとアンチョをバーナーで焼き、熱湯でもどす。
2 鍋に油を熱し、玉ネギ、ニンニク、トマト、**1**を加えて、味が
ひとつにまとまるまで煮る。
3 ミキサーにかけ、漉してなめらかなペーストにする。

牛タンのサルサ・ヴェルデ *taco*

エル カラコルの看板料理「牛タンの煮込み、サルサ・ヴェルデ風味」
のスピンオフ的タコス。やわらかく煮た牛タンを、ラードでじっくりと
ソテーして香ばしい焼き目をつけている。メキシコの屋台タコスで定
番の牛タンのコンフィを意識したアレンジ。

牛タン

サルサ・ヴェルデ（p.76）

玉ネギのみじん切り

パクチーのみじん切り

ラディッシュのスライス

カットライム

牛タンのソテー

牛タン　2個（約1.5～2kg）
　ニンジン、玉ネギ、セロリ、ニンニク
　スープストック　各適量
ラード　適量
塩　適量

1　牛タンを切り開いて掃除する。フライパンで表面を焼いたの
ち、香味野菜、塩とともに鍋に入れ、かぶる量のスープを加え
てやわらかくなるまで煮る。引き上げて冷ます。
2　オーダー後にカットする。フライパンにたっぷりのラードを
溶かし、牛タンをゆっくりとソテーして、両面をきれいに色づけ
る。途中、塩をふる。

El Caracol

エビのフリット *taco*

エビやソフトシェルクラブのフリットは、メキシコで人気のシーフード
系タコス。サラダとチポトレマヨネーズを添えた、定番スタイルで。

エビのフリット

チポトレマヨネーズ

サルサ・メヒカーナ (p.76)

紫キャベツのせん切り

ラディッシュのスライス

カットライム

<u>エビのフリット</u>

エビ

フリッター衣
　薄力粉とコーン粉（2対1の割合）
　卵、塩　ガーリックパウダー

1　エビの殻をむき、背ワタを除く。
2　衣をつくる。薄力粉とコーン粉を合わせて、適量の卵を加
え混ぜ、なめらかな生地にする。塩、ガーリックパウダーを加え
る。
3　エビを衣にくぐらせ、油で揚げる。

<u>チポトレマヨネーズ</u>

チポトレ（種を除く）　8個

アンチョ（種を除く）　1個

アルボル（種を除く）　3個

　トマト　5個

　玉ネギ　1/2個

　ニンニク　2かけ

　オリーブ油　適量

　マヨネーズ　適量

1　3種のトウガラシをバーナーで焼き、熱湯でもどす。
2　鍋に油を熱し、玉ネギ、ニンニク、トマト、**1**を加えて、味が
ひとつにまとまるまで煮る。ミキサーにかけ、漉してなめらかな
ペーストにする（＝サルサ・チポトレ）
3　マヨネーズとサルサ・チポトレを4対1の比率で混ぜ合わせ
る。

カルニータス *taco*

定番の豚肉のコンフィ。マンゴーペーストやオレンジジュースも加えて、豚肉の旨みを爽やかに引き立てている。カルニータスの故郷、ミチョアカンの名産品である銅鍋を使って、触るとほろほろにくずれるまでじっくりと煮込む。

| カルニータス |
| サルサ・アルボル |
| 玉ネギのみじん切り |
| パクチーのみじん切り |
| ラディッシュのスライス |
| カットライム |

カルニータス

豚肉（肩ロースなど）　2～3kg
塩　適量
玉ネギ（ざく切り）　1～2個
ニンニク（みじん切り）　2かけ
オレンジジュース　500ml
マンゴーペースト　100ml
クミン　3g
オレガノ　3g
黒コショウ　3g
シナモン　1本
ラード（マリネ用、煮込み用）　適量

1　豚肩ロースに塩をすりこみ、ボウルに入れる。玉ネギ、ニンニク、オレンジジュース、マンゴーペースト、スパイスを加えてよく混ぜ合わせ、ラードを加えてさらによく混ぜる。このまま1日マリネする。

2　銅鍋に移し、かぶるまでラードを足す。落し蓋をして火にかけ、ふつふつと静かに沸く状態で、ほろほろに煮くずれるまで（約3時間）煮る。

サルサ・アルボル

タカノツメ（種を除く）　80g
トマティーヨ（缶）　700g
玉ネギ　1個
ニンニク　2～3かけ
塩　適量

1　タカノツメをバーナーで焼く。

2　玉ネギとニンニクをアルミ箔で包んでオーブンで約30分間焼く。

3　**1**, **2**とトマティーヨ、塩を合わせてミキサーにかける。

白身魚のパストール風 *taco*

マリネした肉をケバブ風にあぶり焼くのが、中東料理の影響を受けた「パストール風」という料理。ここではそれを魚にアレンジ。スパイシーなマリナードにメカジキのフィレを漬けてからソテー。肉のパストール風にもよく添えられるパイナップルとともに。

> 白身魚のパストール風
> サルサ・アルボル（p.76）
> サルサ・メヒカーナ（p.76）
> パクチーのみじん切り
> カットライム

白身魚のパストール風

マリナード

- アンチョ（種を除く）　4個
- ワヒーヨ（種を除く）　5個
- アチョーテペースト　110g
- 玉ネギ（ざく切り）　1個
- ニンニク　5かけ
- 白ワインヴィネガー　180ml
- パイナップルジュース　240ml
- 砂糖　適量
- クミン　1つまみ
- シナモン　1つまみ
- オレガノ　1つまみ
- 塩　適量

メカジキのフィレ

パイナップル

塩

植物油

1　マリナードをつくる。アンチョとワヒーヨをバーナーで焼いて、熱湯でもどす。アチョーテペースト、玉ネギ、ニンニクとともに鍋に入れ、かぶるほどの水を加え、玉ネギがやわらかくなるまで煮る。ミキサーにかけ、漉す。これを、油を引いて熱した鍋に加え、沸騰したら白ワインヴィネガー、その他の材料を加え、火を止める。

2　メカジキのフィレをマリナードに浸し、約2時間マリネする。

3　フライパンを熱して油を引き、**2**を置いて、マリナードをからめながら両面を焼く。途中、塩をふる。

4　パイナップルのカットをソテーする。

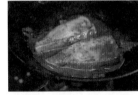

Oxomoco

オショモコ

Oxomoco

オショモコ／東京・広尾

NYブルックリン発、ミシュランの星付きモダンタコス

2019年、ニューヨーク版ミシュランでタコス店が初めて星を獲得して話題になった。モダンメキシカンタコス『オショモコ』がそれだ。

オーナーは三ツ星フレンチ『ジャン ジョルジュ』でスーシェフを務めたジャスティン・バズダリックさんで、2020年に日本のソルトグループと組んで東京に進出。ジャン ジョルジュ時代の同僚である米澤文雄さん（『ザ・バーン』シェフ）が日本側のカウンターパートとなって実質のプロデュースをしている。

「ジャスティン本人はメキシコルーツではなく、メキシコが大好きで現地を何度も旅してきた人です。伝統テイストを尊重しながらそこに彼独自の表現を加えたものが、オショモコのタコス。アメリカ人シェフが理解したメキシカンテイストに、彼なりの味覚や技術、マーケティングのセンスが加わっているところが面白さで、日本人には思いつかない組み合わせもあります」（米澤さん）

東京の店では、国内で入手できないハーブを別のものに替えたり、スパイシーさを調整する程度で、基本的に本店の味を再現しており、ニューヨークのトレンドを反映させている。ちなみに、現地の外食シーンでは「ヴィーガン」や「プラントベース」の料理がますます幅をきかせており、NYオショモコでもランチ客の4割がヴィーガンタコスを選ぶとか。「トウガラシで旨みを出すメキシカンはもともとヴィーガンとの相性がよいので、これからはますます増えそう。この店のみならず、ヴィーガンタコスには今後いろいろなバリエーションが生まれる可能性がありそうです」（同）

国内外の話題店がフードコート式に集結する「イートプレイワークス」1階にある。他店と同様、キッチン＋カウンターの店舗（ほかにフリーテーブルあり）で「カジュアル＆ハイエンドなおいしさ」を提供する。

オーナーのジャスティンさん。友人と共同で、2018年にブルックリンのグリーンポイントに『オショモコ』を開いた。狙うのは「ストリートフードの気軽さやカジュアル感はそのままに」「おいしさはハイエンド」というライン。ファインダイニングではなく、あくまでもモダン・タケリア（タコス店）だ。

チームオショモコを率いる米澤さん（左）と、シェフの久松暉典さん（右）、マネージャーの影山広輔さん。

メニューは卓上のQRコードを読み込んでもらう。アラカルトは、スターター、トスターダ、タコス、一品料理（ステーキ、ブリトーなど）にカテゴライズ。コースメニュー（ランチ2400円、ディナー5000円）もある。

トルティーヤはマサ粉で。少量の塩を加える

ニューヨークのオショモコではトウモロコシ粒をニクスタマルしてマサ生地をつくっているが、東京では設備のスペースがないこともあり、粉製品を使用している（タコス用トルティーヤはブルーコーン粉、トスターダ用はホワイトコーン粉を使用）。生地づくりのポイントはマサ粉にごく少量の塩を加えること。下味の感覚で、塩気を感じさせないほどの量だが、コーンの香りがより立ってくるという。また、生地をまとめたら約10分間寝かせて、全体のなじみをよくする。

トルティーヤ1枚はマサ生地25g。裏表1回ずつプレスしてやや薄め、大きめにのばしている。

写真上左／粉に2％量の塩を加え、1.3倍量のぬるま湯（32-33℃）を少しずつ加えて生地をまとめ、丸めたら、ラップをかけずに10分間置く。上右／1個25gに丸めた生地をプレス機で挟んだら、裏返して再度プレス。ほどよく薄めにのばす。

トルティーヤを添えて提供する夏のスターター「焼きトウモロコシ」。ゆでたトウモロコシの表面を削ぎ、200℃のオーブンで焦げ目がつくまで焼き、フェタチーズ、自家製ホットソース、ワケギをトッピング。ストリートフードをタパス風にアレンジした一品だ。

テーブル用のサルサ➡なし。

タコスごとにサルサを用意し、伝えたい風味を完成させて提供しているのでテーブルサルサは置かない。「サルサの味は基本的にニューヨークと同じですが、日本人の味覚に合わせてトウガラシの辛みは若干調整しています」（シェフの久松さん）。

ベーシックに使うトウガラシは生のハラペーニョやハバネロほか、メキシコの乾燥チリ7種類。乾燥のものは必ず種を除き、（用途によって焼いてから）、熱湯に浸けてふやかして使用する。右写真はスピリッツ漬け。

DATA

住所	東京都渋谷区広尾5-4-16 EAT PLAY WORKS 1-D https://salt-group.jp/shop/oxomoco/
営業時間	11:30-14:30　17:30-23:00
定休日	水
開業	2020年4月
席数	18
価格例	タコス1600〜1900円@2個

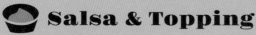
Salsa & Topping

基本のサルサ＆トッピング

サルサ・クルーダ

生トマトの酸味とチポトレのコクのある辛みがベース。見た目以上にフレッシュ感がある。

トマティーヨ　800g
玉ネギ　170g
青トウガラシ（生）　100g
ライム汁　420g
パクチー　150g
塩　30g
アヴォカド　3個

1　アヴォカド以外の素材をブレンダーにかけてペーストにする。
2　アヴォカドの果肉をブレンダーにかけてピュレにする。
3　**1**と**2**を混ぜ合わせる。

ワカモレ・ディップ

ほんのりピリ辛のワカモレ。ＮＹ本店では辛みはこの3倍。

アヴォカド　20個
玉ネギ　450g
青トウガラシ　54g
パクチー（茎、根も）　150g
ライム汁　350g
塩　75g

材料を合わせてブレンダーにかける。完全なめらかにせず、軽く食感を残す。

自家製ホットソース

汎用的に使うチリソース。

ワヒーヨ　315g
アルボル　20g
白ワインヴィネガー　1.5L
水　300ml
塩　50g

1　2種のトウガラシの種を除き、ローストして（180℃で3分間）、熱湯に浸してふやかす。
2　すべての材料を合わせてブレンダーにかける。

サルサ・アルボル・ピーナッツ

トウガラシとナッツを炒って合わせた、香ばしい旨サルサ。

アルボル　10g
ワヒーヨ　20g
グレープシード油　700g
ピーナッツ　200g
ニンニク　50g
白ワインヴィネガー　70g
塩　13g

1　2種のトウガラシの種を除く。
2　**1**、ニンニク、ピーナッツをグレープシード油に入れて熱し、ナッツが焦げる前に火を止める。塩、ヴィネガーを加える。ブレンダーにかけてボトルに入れて保存する。（固形物が沈殿するので）使用時に振って使う。

サルサ・モリタ

香ばしさ、スモーキー感があって口当たりはフレッシュ。

チポトレ・モリタ　20g
ワヒーヨ　40g
トマティーヨ　800g
塩　25g

1　2種のトウガラシは、種を除いて180℃オーブンで3分間焼く。熱湯に浸してふやかす。
2　すべての材料を合わせ、ブレンダーにかける。

Oxomoco

ラムのバルバコア風 *taco*

軽くスモークした仔羊肩肉を、まず高温で1時間、さらに低温2時間ロースト。伝統的なメキシコのバルバコア（地面に穴を掘り、焼けた石や炭を入れて行う蒸し焼き）を現代風に再現した。NYオショモコではピピチャという青トウガラシのサルサを添えている。

ラムのバルバコア風
サルサ・クルーダ（p.88）
小玉ネギの輪切り
パクチー

ラムのバルバコア風

仔羊の肩肉、塩
マリナード
🌶 ワヒーヨ（種を除き、180℃で3分間ロー
　　　　　ストし、湯でふやかす）　280g
　　ニンニク　160g
　　黒粒コショウ　20g
　　オレガノ　8g
　　チリペースト*　40g
　　白ワインヴィネガー　120ml
　　塩　110g

＊パシーヤ（トーストして湯でもどす）を少量
のニンニク、塩、クミン、適量の水とともに
ブレンダーにかけたもの。

1　マリナードの材料を合わせてブレンダーにかける。

2　仔羊の肩肉を約200g大に切り分け、桜チップで軽くスモークする。

3　**2**に塩をふり、マリナードをまぶしてひと晩漬け込む。

4　210℃のコンベクションオーブンで1時間焼き、さらに140℃で2時間焼く。取り出してほぐす。提供時にソテーして温める。

ポークチークカルニータス *taco*

オショモコのカルニータスは、豚ほほ肉を「溶かしバター」でコンフィにする。バターの香りにトウガラシのコクと柑橘香が交わった豊かな風味。トッピングのチチャロンのカリカリ感がアクセント。

> 豚ほほ肉のカルニータス
> サルサ・クルーダ (p.88)
> チチャロン
> 小玉ネギのスライス｜パクチー

豚ほほ肉のカルニータス

豚ほほ肉　5kg
塩　75g
マリナードペースト
🌶 ワヒーヨ（種を除き、180℃で3分間ロースト
　　して熱湯でふやかす）　150g
　クミン　15g
　オレガノ　7.5g
　黒コショウ粒　15g
　ベイリーフ　3g
　クローヴ　2粒
　生ニンニク　90g
オレンジ（厚め輪切り）　2個
ライム（厚め輪切り）　2個
溶かしバター　1125g

チチャロン

豚皮を低温のオーブンで乾かした後、高温の油で揚げたもの。

1　マリナードの材料を合わせてブレンダーにかける。

2　豚のほほ肉に塩をまぶしてよくすり込む。

3　2を天板に並べ、200℃のコンベクションオーブンで10分間加熱する（またはフライパンで表面を焼く）。

4　バットに出た肉汁を捨て、1、オレンジ、ライムを加えて肉によくまぶしつける。溶かしバターを流し入れる。クッキングペーパー、アルミ箔をかぶせ、130℃のオーブンで3時間煮込む。

5　煮上がり後、煮汁を肉汁と油脂に分ける（油脂は仕上げのソテーに使用）。肉汁からオレンジとライムを取り出す。肉は軽くほぐし、肉汁の中で保管する。

6　オーダーが入ったら、肉を先の油脂でソテーし、表面を軽く色づける。

ビーツのチョリソ _taco_

NYオショモコで大人気のヴィーガンタコスの代表格。ビーツをチリペーストでマリネしてからオーブン焼きして水分をとばしたもので、チョリソのようなテクスチャー。「トウガラシ＋混合スパイス」がもたらすコクが心地よく後を引く。

ビーツのチョリソ

パパス

ワカモレディップ（p.88）

焦がしトマティーヨのサルサ

ビーツ　1kg
塩　10g
赤ワインヴィネガー　10g
水　3L
マリナード
ワヒーヨ（種を除き、ローストして、
　　　　熱湯でふやかす）　300g
　クローヴ　4本
　オールスパイス　4粒
　黒粒コショウ　4g
　シナモン　8g
　オレガノ　3g
　ニンニク　60g
　クミン　8g
　白ワインヴィネガー　1350g
　塩　20g

1　ビーツ（皮つき）、水、塩、赤ワインヴィネガーを合わせて火にかけ、芯までやわらかくゆでる。水気をきり、粗熱が取れたらラップフィルムで1個ずつ包み、冷蔵庫でひと晩休ませる。
2　マリナードの材料を合わせてブレンダーにかけ、ペーストにする。
3　**1**を指でむしってざっくりとほぐす。バットに入れて**2**をまぶし、冷蔵庫で漬け込んでおく。

パパス

皮つきのジャガイモを塩と砂糖入りの湯で湯でたのち、素揚げする。指で軽くこわす。

3　オーダーが入ったら、180℃のコンベクションオーブンで10分間温める。

焦がしトマティーヨのサルサ

ハラペーニョ　35g
トマティーヨ　250g
玉ネギ　95g
ニンニクのコンフィ　5g
パクチー　38g
ライム汁　適量
塩　6g

1　ハラペーニョ(種を除く)、トマティーヨ、玉ネギをそれぞれオーブンで焼き、フレッシュ感を残しつつ香ばしさをつける。皮を除く。
2　**1**、残りの材料を合わせてブレンダーにかける。

Oxomoco

ビーフタルタルトスターダ *tostada*

牛肉のタルタル
グラスホッパーマヨネーズ
アヴォカドのカット
イタリアンパセリ

グラスホッパー（バッタ）入りマヨネーズを敷いたNYスタイルの牛タルタル。本店では牛肉は生のままピリ辛サルサであえるが、ここでは低温調理をしている。ローストしたグラスホッパーパウダーが、香ばしさのアクセント。

牛肉のタルタル
牛のサブトン（肩ロースの一部）
オリーブ油
塩
サルサ・アルボル・ピーナッツ（p.88）

牛のザブトンを薄切りにする。ラップして70℃のコンベクションオーブンで約5分間加熱する。細かくきざみ、オリーブ油、塩、サルサ・アルボル・ピーナッツであえる。

グラスホッパーマヨ
グラスホッパー（乾燥のバッタ）　100g
レモン汁　90g
ライム汁　90g
ディジョンマスタード　100g
卵黄　8個
グレープシード油　700g
塩　適量

1　グラスホッパーをオーブンでローストする。グラインダーにかけて粉末にする。
2　ボウルに**1**と油以外の素材を入れて混ぜる。
3　油を少しずつ加えながらホイッパーでかきたて、乳化させる。

Oxomoco

鶏肉のパストール風 *taco*

メキシコで大人気のパストール（ケバブ風の回転ロースト）味を再現。
スパイシーなマリナードで漬け込んだチキンをオーブン焼きする。香
ばしく、かつ、爽やかな風味のサルサがよく合う。

| 鶏肉のパストール風 |
| サルサ・モリタ（p.88） |

鶏肉のパストール風
鶏もも肉　適量
塩　適量
パイナップル　適量
マリナード（仕込みの量）
🌶 ワヒーヨ　100g
🌶 アンチョ　40g
　ニンニク　50g
　クミン　4g
　オレガノ　5g
　アチョーテペースト　80g
　アップルヴィネガー　360g
　クローヴ　4本
　塩　25g

1　マリナードを用意する。2種のトウガラシ（種を除く）をロー
ストして（180℃で3分間）、熱湯に浸けてふやかす。その他の
材料と合わせて、ブレンダーにかけ、ペーストにする。
2　鶏のもも肉とカットしたパイナップルをバットに入れる。**1**を
加えてまんべんなくまぶし、冷蔵庫でひと晩漬け込む。
3　**2**を180℃のオーブンで5～7分間焼く（火入れがやや浅
い状態で取り出し、冷蔵庫で保管する）。
4　オーダーが入ったら必要量を取り分け、フライパンで焼き上
げる。食べやすいようカットする。

Oxomoco

シュリンプのセビーチェの
トスターダ *tostada*

オショモコのトスターダはホワイトコーンのトルティーヤを揚げたもの。
フレッシュな具材に合うので、メニューの中では冷前菜の扱いだ。セ
ビーチェは定番の組み合わせで、ひときわカラフルな盛りつけに。

シュリンプのセビーチェ

自家製ホットソース（p.88）

タヒン　セルフイユ

アネット

<u>シュリンプのセビーチェ</u>
ブラックタイガー
　（クミン、黒粒コショウ、パクチーの茎、
　　レモン、塩）
赤玉ネギ
トマト
セロリ
ライム汁
塩、E.V. オリーブ油

1　ブラックタイガーを掃除する。その殻とスパイス、パクチ
ー、レモン、塩を入れた湯でゆでる。火を止めてそのまま湯の
中で冷ます。ザルにあげ、冷やす。
2　赤玉ネギ、トマト、セロリを角切りし、**1**と合わせる。ライム
汁、塩、E.V. オリーブ油を加えてあえる。
3　【盛りつけ】トスターダに**2**を盛り、自家製ホットソースを
点々とのせる。タヒンパウダーを散らし、セルフイユとアネット
をたっぷりとのせる。

Oxomoco

ビンチョウマグロのトスターダ *tostada*

マグロ・醤油・アヴォカド…王道の組み合わせ。オショモコ特製のゴマ風味のサルサ・マチャ（メキシコではナッツベースのものが多い）、ピリ辛のワカモレ・ディップが、コントラストを引き立てる。

> ビンチョウマグロのクルード
>
> ワカモレ・ディップ（p.88）
>
> サルサ・マチャ
>
> 炒りゴマ（黒、白）

サルサ・マチャ

パシーヤ　50g
ワヒーヨ　60g
赤パプリカ　15g
青トウガラシ　7g
白ゴマと黒ゴマ　各150g
グレープシード油　1500g
白ワインヴィネガー　55g
ニンニク　80g

油にすべての材料を入れ、弱火で加熱する（ニンニクに火が通るまで）。ブレンダーにかけて、漉す。

ビンチョウマグロのクルード

モチビンチョウのフィレ
ラディッシュ(スライス)
醤油

1　モチビンチョウのフィレを薄切りする。
2　【盛りつけ】トスターダにワカモレ・ディップをぬり、ラディッシュを並べて**1**をのせる。表面に醤油を刷毛で薄くぬる。サルサ・マチャをたっぷりとぬり、2色のゴマを散らす。

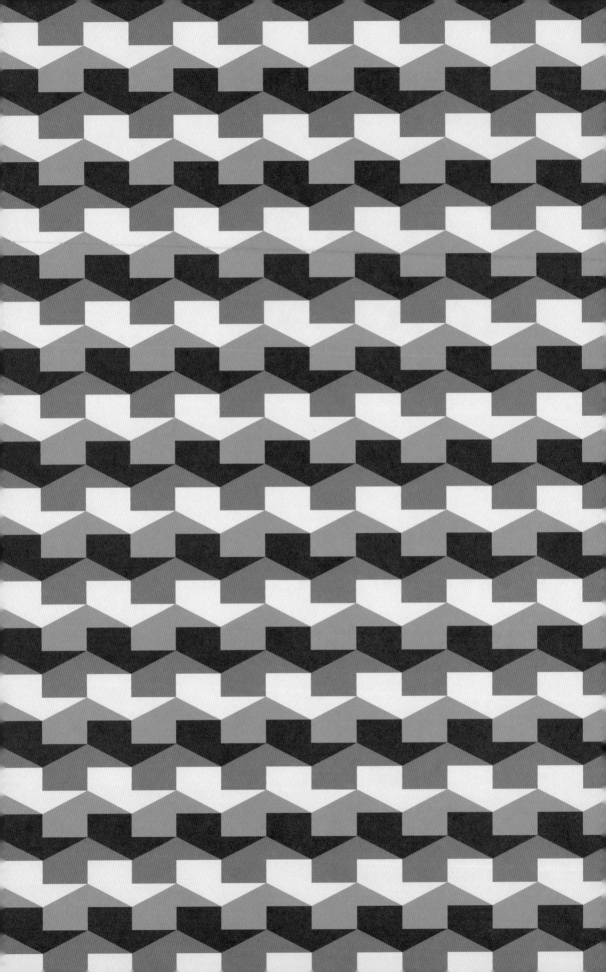

Kiyas

キヤス

Kiyas

キャス／東京・恵比寿

グローバル視点で展開する
モダンメキシカンタコス

上：以前勤めていたイタリア料理店でもチームを組んでいた木屋太一さんと、スーシェフの佐藤友子さん。
下：「欧米で人気とはいえ日本ではモダンメキシカンはまだ発展途上。価格や雰囲気の親しみやすさを一番考慮しました」（木屋さん）。コース価格は7150円に設定し、"1万円で美味しく食べられる"ネオビストロラインを狙う。

欧米のグルメレストラン業界では昨今メキシカンテイストへの注目度が高い。イタリアンのシェフだった木屋太一さんがはじめて現代メキシコ料理を体験したのも、パリ。バスク風薪火レストランの開業準備としてスペインに視察に行く途上で訪れた、話題の一ツ星レストランだった。

「シェフはメキシコ人で、場所はフランス。世界にはこんな美味があるのか…と、強い衝撃を受けました」

そのおいしさに新しさと普遍性を確信した木屋さんは可能性を感じて開業テーマをモダンメキシカンに急遽変更。2番シェフの佐藤友子さんとともにメキシコ食材や料理について急遽勉強を始め、現地にも飛んで食文化を体験し、『キャス』を開業した。

おまかせコース1本のみの創作料理レストランで、テーマは「メキシカンテイストを用いて日本の食材から新しいおいしさを生み出すこと」。タコス店ではないが、わかりやすいメキシコ料理のアイコンとして、タコス（およびトスターダ、タキート）を表現に多用している。「食材とマサとの相性の発見」と「トウガラシの使いこなし」が創作の出発点だ。

オープンキッチンの中央には薪炭火グリルの火床がでんと構えている。当初の予定が薪火料理のレストランだったので、グリルの魅力もコースのもうひとつの軸になっている。

「"どんな料理もトルティーヤと組み合わせればタコスになる"のは確かですが、それでよしではなく、それ以上に料理の個性を輝かせる相性、キャッチーで印象に残る、攻めた相性を探したい。風味のバランスをとるためトルティーヤの生地に小麦粉を入れたり、牛乳を加えたりとアレンジもします。本物のメキシコ料理ではないとお叱りを受けるかもしれませんが、あくまで私たち流にメキシカンテイストを展開したいと思っています」（木屋さん）

メキシコの粒コーンから、3色のマサを自家製

タコスをガストロノミックに追求するなら「香り高いトルティーヤが何よりも大切」と考え、メキシコで買い付けた電動モリノ（挽き機）を使って、ブルー、レッド、ホワイトの粒コーンから3色のマサ生地を自家製している。色は料理に応じて使い分け。ひとつのコースメニューの中で、タコスのほか、タキート、トスターダ、タマレスといったバリエーションも駆使して、生地と料理との組み合わせの魅力を表現している。

一度のディナーで、4〜5枚のトルティーヤ（トスターダも含め）を食べる勘定になるので1枚のサイズは小さめ（料理により13g〜18g）。電熱のホットプレートで焼く。

ニクスタマリゼーションも、機械のメンテナンスも、トルティーヤのプレスも、見よう見真似レベルから始めて、実地に経験を積んできた。

テーブル用サルサ➡なし。

タコスという形をとったレストラン料理なので、提供時には味が完成されているという前提。とくに「辛いサルサがほしい」といった要望があれば、オプションで出す。

DATA

KIYAS

住所	東京都渋谷区恵比寿2－9－2 T-CASTLE 恵比寿1F https://www.kiyas.jp
営業時間	18:00-22:00 不定休
開業	2018年12月
席数	18
価格例	コースメニュー 7700円

伝統テイストを土台に、醤油や味噌も。

キッチンから繰り出すサルサの個性は多種多様。味噌や和三盆糖を少量加えてトウガラシのコクを深めたり、大葉などを加えて印象的なプラスアルファを加えたりすることもある。もちろん、基本軸はメキシカンテイストだ。開業10カ月目からオアハカ出身のメキシコ人シェフに1年間加わってもらい、伝統テイストを下固めした。それを基にコース料理としての辛みの強弱、味わいのコントラスト、初めて食べる人の舌の経験値などを考慮して、アレンジの幅を広げている。

「トウガラシは本当に奥が深いので、まだまだほんの入口です」（佐藤さん）。乾燥唐辛子はチポトレ、ワヒーヨ、パシーヤ、アルボル、ムラート、アンチョの6種類をさまざまに組み合わせて使っている。「しっかりとローストして生まれるコクの深さはメキシカンテイストならでは。たとえばチポトレのスモーキー感からくるコクも一段と深まり、これに再仕込み醤油を合わせるとまたおいしい」

Kiyas

フォワグラとリンゴ *taco*

ミニサイズのトルティーヤにのせた、温かいひとくち前菜。

フォワグラとリンゴのソテー

アガペシロップのソース

炭塩

フォワグラとリンゴのソテー

1　フォワグラをカットして塩をふり、ソテーする。途中、リンゴのカット（皮つき）も加えてソテーする。

2　【盛りつけ】提供用ペーパーにトルティーヤ（レッド）を置き、**1**を盛る。アガペシロップのソースを添え、炭塩を散らす。

アガペシロップ

リンゴ（小角切り）　1/4個

白ワイン　200ml

アガペシロップ　50ml

無塩バター、塩　各適量

リンゴをバターで炒め、アガペシロップ（リンゴの甘さに応じて量を調節）、白ワイン、塩を加えて、適度な濃度に煮詰める。

Kiyas

鶏のつくね *taco*

揚げたチキンボールはセロリと軟骨入り、ワカモレは青じそ入り。すっ
きりとした香りとシャキシャキ感が口に楽しい、シンプルな一品。

鶏のつくね
大葉ワカモレ
ニンジンのサルサ

鶏のつくね

鶏挽き肉　300g

鶏なんこつ挽き　100 g

セロリ（みじん切り）　100g

黒コショウ　少量

コリアンダーパウダー　少量

レモン皮　少量

マヨネーズ　25 g

片栗粉　12g

卵黄　1個

1　すべての材料を合わせてよく混ぜ、ひとくち大に丸
める。

2　170℃の油で揚げる。

大葉ワカモレ

アヴォカド　1個

大葉　20枚

青トウガラシ　適量（好みで）

塩、ゴマ油、ライム汁、水　各適量

1　材料を合わせてミキサーにかけ、粗めのペーストに
する。

ニンジンのサルサ

3種のニンジン（せん切り）、トマト（小角切り）、レモ
ン汁、塩をあえたもの。

103

カルニータス *taco*

リンゴと白みそ入りソースで煮込んだ、まろやか風味のカルニータス。
仕上げ前に、煙が出るほど熱いフライパンで焼いて、ソースを煮から
める。リンゴとセロリのサラダ感覚のサルサを添えて。

カルニータス

リンゴのサルサ

アマランサス

パクチーの葉

カルニータス

豚肉（氷室豚のばら）　1.2kg

（塩24g、和三盆糖18g）

ビール　500ml

オレンジジュース　200ml

水　適量

トマト（ざく切り）　300g

玉ネギ（薄切り）　300g

リンゴ（薄切り）　1/2個

ミカン　2個

ニンニク（みじん切り）　2～3かけ

ショウガ（スライス）　ニンニクと同量

青トウガラシ　適量（好みで）

ローリエ　1～2枚

パクチー　10g

ローズマリー（フレッシュ）　1本

レモン（国産）　1/4個

白みそ　40g

塩　適量

リンゴのサルサ

トマト（小角切り）

リンゴ（小角切り）

赤玉ネギ（小角切り）

ライム汁

塩

1　トマト、リンゴ、赤玉ネギ各適量をバラ
ンスよく合わせ、塩とライム汁であえる。

1　豚肉の表面をフォークでつついて穴をあけ、塩と和三盆糖を
まぶしてマリネする。

2　ビール、オレンジジュース、水を合わせて沸騰させ、**1**の豚
肉、トマト、玉ネギ、リンゴ、その他の材料を加え、蓋をして3
～4時間煮込む（途中必要なら水を足す）。

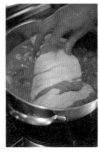

3　肉を取り出し、煮汁をミキサーにかけてペースト状にする
（ソース）。

4　オーダー後、肉をカットする。充分に熱したフライパンで焼
いて、しっかりと焦げ目をつける。

5　**3**のソースをフライパンで温め、塩で味をととのえ、**4**を加
えて煮からめる。

6　【盛りつけ】**5**をブルーコーントルティーヤにのせてプレート
に盛り、リンゴのサルサをのせてハーブを飾る。カルニータスの
ソースを横に添える。

牛アラチェラ *tacos*

牛ハラミ（アラチェラ）を、焼いた5種のトウガラシでつくるソースに
最低3日間漬け込み、牛肉とトウガラシの風味をひとつにしてから焼く
ことが最大のポイント。旨み、甘み、香りの繊細なハーモニーが主役だ。

牛アラチェラのステーキ
ビーツのサルサ
トマトのサルサ
赤玉ネギスライス
パクチー
カットライム

牛のアラチェラのステーキ

牛肉のハラミ（または芯かぶり）　1kg
フルーツトマト　3個
チポトレ　1本
ワヒーヨ　1本
ムラート　2本
パシーヤ　2本
アルボル　3本
チリミックスパウダー（アチョーテ入り）
アップルバルサミコ酢　適量
水　適量
塩　適量
オリーブ油（ソテー用）　適量

ビーツのサルサ

ニンニク　2かけ
玉ネギ　1/2個
トマト　1個
ビーツ　1/2個
ワヒーヨ　1本
塩、ライム汁　各適量
オリーブ油　適量

1　オリーブ油でニンニクを炒めて焦がし、
玉ネギ、トマト、ビーツ、ワヒーヨを加えてし
っかりとソテーする。
2　**1**に適量の水を足してミキサーにかけ、
ライム汁、塩で味をととのえる。

トマトのサルサ

フルーツトマト（小角切り）
玉ネギ（小角切り）
パクチーの軸（みじん切り）
塩、ライム汁

1　材料を合わせる。

1　5種類の乾燥トウガラシ、フルーツトマトをオーブンでロー
ストする（焦がす寸前まで）。
2　**1**を（トウガラシは手で軽く砕いて）ミキサーに入れる。ア
ップルバルサミコ酢、チリミックスパウダーを加えて回し、ペー
スト状にする。塩で味をととのえる。

3　**2**を牛肉にまぶし、真空パックして3日間マリネする。

4　表面についたマリナードをペーパーでざっとふき取り、ひと
くち大に切り、フライパンでソテーする。カットする。

Kiyas

アワビタケのソテーとブルーチーズ *tracoyo*

マサ生地にハーブを混ぜ、トルティーヤよりも少し厚めにのばして焼いた「トラコヨ」にキノコのソテーをのせ、お客さんの前で熱々トロトロのチーズをオン！ 好みでアガベシロップをかけて。ライブ感も風味もたっぷりの前菜。

アワビタケのソテー

ブルーチーズ

アガベシロップ

オハサンタ入りトラコヨ

トルティーヤのマサ（イエロー・少し固め） 1枚分25g
牛乳 10ml
オハサンタ（メキシコのハーブ／乾燥）

マサ生地に牛乳とオハサンタを加えて練り込む。楕円形に丸めてトルティーヤよりも厚めにプレスする。ホットプレートで焼く。両ふちを立てて舟形にする。

アワビタケのソテーとブルーチーズ

1 フライパンにオリーブ油を熱し、アワビタケを強火でソテーする。塩とフェヌグリークを加え、香ばしく仕上げる。
2 大型のブルーチーズの切り口を（ラクレット用）ヒーターで熱する。
3 トラコヨに**1**をのせてテーブルにサービスする。トロトロに溶けた**2**の表面をナイフで削ってキノコにのせる。

ナスのチポトレ煮 *taquito*

焼いたトマト＆ニンニク＆焦がしチポトレを煮込んだサルサで、揚げナスを煮からめる。濃密な風味のポイントはフルーツトマトを使うこと。隠し味に再仕込み醤油と和三盆糖を使っている。満足感たっぷりのベジタリアンタキートで、これにホタルイカを加えたバージョンもある。

| ナスのチポトレ煮 |

| 赤キャベツのサルサ | 赤キャベツのサラダ |

牛スジと豆の煮込み *taquito*

メキシコで食べた牛スジの煮込みをヒントに。現地のものは歯ごたえがしっかり。こちらはカリカリのタキートに合わせるのでやわらかめに煮上げている。

| 牛スジと豆の煮込み |

| ローストフルーツトマトサルサ |

| グリーントマトのサルサ |

タキートは"小さなタコス"という意味で、トルティーヤに具をのせて巻き、揚げたり焼いたりしたもの。キヤスでは、あらかじめトルティーヤをシリンダーに巻いてローストし、カリカリのシガー状にして具を詰めている。

タキート

トルティーヤをシリンダーに巻き付けて、155℃のオーブンで20分間焼く。

ナスチポトレのタキート *taquito*

ナスのチポトレ煮
 チポトレ　1～2本
ニンニク（皮むき、半割）　1かけ
フルーツトマト（1/4カット）　3個
ナス　3～5本
赤玉ネギ（みじん切り）　1/2個
スイートマジョラム　適量
再仕込み醤油　大さじ1
和三盆糖　小さじ1～2
オリーブ油　適量

赤キャベツのサルサ
赤キャベツ　1/4個
パシーヤ　1本
トマト　1個
玉ネギ　1/2個
ニンニク　1かけ
オリーブ油　適量
ライム汁　適量
塩　適量

1　フライパンにオリーブ油を熱して、ニンニクを入れる。しっかりと焦げ目がついたらトマト、玉ネギ、赤キャベツ、パシーヤを加え、強火でしっかりとソテーする。
2　1を適量の水とともにミキサーにかけ、ライム汁、塩で味をととのえる。

赤キャベツのサラダ
赤キャベツ（せん切り）
塩
レモン
ヨーグルト

1　赤キャベツに塩をまぶしてよく揉む。他の材料も加えて混ぜる。

1　チポトレを150℃のオーブンで約20分間焼く（焦がす）。
2　ニンニクとオリーブ油を鍋にとって熱し、ニンニクの断面をしっかりと焦がす。カットしたトマトを加えて、強火で炒める。さらに**1**を加え、強火で煮る。

3　**2**に適量の水を足してミキサーにかけ、ペーストにする。

4　ナスを2cm角に切って素揚げする。
5　赤玉ネギをオリーブ油で炒め、そこに**4**、**3**、スイートマジョラムを加えて煮込む。再仕込み醤油と和三盆糖を加え、強火で煽りながらソースをナスに煮からめる。塩で味をととのえる。

牛スジと豆の煮込みのタキート　*taquito*

牛スジと豆の煮込み

牛スジ　2kg

白インゲン豆（乾燥）　400g

A ⎡ 玉ネギ（みじん切り）　1個
　　 ニンジン（みじん切り）　1本
　　 セロリ（みじん切り）　1本
　　 ニンニク　2かけ

B ⎡ トマト　4個
🌶️ ワヒーヨ　4〜5本
🌶️ アルボル　5本
　　 オレガノ　5g
　　 コリアンダーシード　小さじ2
　　 パプリカパウダー　大さじ2
　　 ローリエ　2〜3枚
　　 黒粒コショウ

赤ワイン　500ml

白ワインヴィネガー　適量

オリーブ油　適量

1　白インゲン豆はさっと洗ってひと晩水につけて戻し、野菜のコンソメ（解説略）でやわらかくなるまで煮る。

2　牛スジをゆでこぼす。

3　深鍋に材料Aを入れて炒める。しんなりしたら**2**、材料B、赤ワインを加え、ヴィネガーをひと回し加える、全体がかぶるまで水を足し、沸騰したら弱火にして約1時間煮る。

4　**1**を加えてさらに約1時間煮る。

ローストフルーツトマトサルサ

ニンニク（皮をむく、半割）　2かけ

玉ネギ（みじん切り）　2個

フルーツトマト（1/4カット）　4個

🌶️ パシーヤ　3本

ライム、塩　各適量

オリーブ油　適量

1　鍋にオリーブ油を引き、ニンニクを（焦げるまで）ソテーする。玉ネギを加えて強火でソテーし、焦げ色をつける。

2　フルーツトマト、パシーヤを加えて強火で加熱し、しっかりと香ばしさを引き出す。

3　**2**に適量の水を足してミキサーにかけ、ペーストにする。塩とライム汁で味をととのえる。

グリーントマトのサルサ

グリーントマト（小角切り）

玉ネギ（小角切り）

パクチー（みじん切り）

ライム汁

塩

1　グリーントマト、玉ネギ、パクチー各適量をバランスよく合わせ、塩とライム汁であえる。

PIOPIKO

ピオピコ

PIOPIKO

ピオピコ／京都・烏丸御池

京都エースホテル内に登場、LA発の最新メキシカンタコス

ウェス・アヴィラさん。はLA東部の出身。移動販売のカートから始めた『ゲリラタコス』は大行列の人気店となり、レストランに発展。ミシュランのビブグルマンを得ている。

アメリカ、ポートランドを本拠地とするライフスタイル型ホテル、エースホテルが2020年に京都に開業。その飲食施設の目玉のひとつとして、バー＆タコスラウンジ『ピオピコ』がオープンした。"最先端タコスバーの日本上陸"としてホテルレストラン業界からはもちろん、メキシカントレンドに敏感なバー業界でも大きな話題となった。

料理を統括するのは、ロサンゼルスの人気シェフ、ウェス・アヴィラさんだ。メキシコルーツのアメリカンで、フランス料理の正統なキャリアを積んだ人。2012年にタケリア『ゲリラタコス』を開き、おなじみのストリートフードにガストロノミーの経験値を融合させた新機軸のタコスで大評判をとった。京都進出にあたっては準備期間中に来日し、日本の食材はじめさまざまな食シーンを体験。ピオピコ用のラインナップを用意した。

その特徴は？──「フレンチの技術を土台としているので、各タコスがひとつの料理としてしっかりと構築されています。そして、メキシカンテイストのアレンジの幅がとても広い。発想が自由なんです。ベトナム風のサラダをフレッシュサルサにしたり、フレーバーのアクセントとして柚子胡椒や梅干しが入ってきたり」（同ホテルエグゼクティブシェフ、西村元伸さん）

さまざまな文化や食材をこだわりなく取り入れているところが、まさにLAらしさ。そしてメキシカンというバックボーンがあるならではの自信と自由さなのだろう。

コロナ禍での開業で華やかなイベントは先送りになったが、そのぶんスタッフ皆でじっくりとブラッシュアップ。LA流モダンメキシカンを京都に発信している。

歴史的建造物をリノベーションして活用するのがエースホテルのスタイルで、京都では新風館（大正初期建築の旧京都中央電話局を中心とする複合施設）内に開業。アメリカ各地のエースホテル同様、地域に向けて開かれた存在を目指し、ロビーは宿泊者でなくても利用できるフリー空間だ。

エグゼクティブシェフの西村さん（前列右）、シェフの小鷹康雄さん（後列右）以下、ピオピコのキッチンチームの面々はそれぞれ海外英語圏のレストランで経験を積んでいる。

DATA

住所	京都市中京区車屋町245番2　新風館内 Ace Hotel Kyoto　中2階・2階 https://www.piopiko.com/
営業時間	日-木12:00-24:00 金土・祝前日12:00-25:00
開業	2020年6月（ソフトオープン）
席数	82
価格例	タコス1600円〜@1皿2個 ディナーコース3800円〜

タコスに合うオリジナルカクテルや豊富なテキーラリストなど、ドリンクも充実。レモンやライムの余りをドライフルーツにしたり、サングリアに使用するなどサステナビリティへの意識も高い。

スタイリッシュなデザインの店内はふたつにフロアに分かれ、エントランス階（2階）は食事主体のカウンターバー＆レストラン、DJブースのある1階はお酒主体のラウンジ。コロナ禍中の開業となったため、DJやイベントの本格始動はこれからだ。

トルティーヤは仕上げにバターを。
コーンの香りをふっくらと引き立てる

トルティーヤはホワイト、ブルー、イエローコーンのマサ粉を使用してそれぞれ生地をつくり、ハンドプレスして焼いている。1枚は30gで5インチ（約12.7cm）と、やや大きめ。個性的なのは、トルティーヤもバターで焼くこと。「ウェスシェフがフレンチ視点なので、料理にもバターはかなり使うのですが、トルティーヤもバターとオイル半々を刷毛ぬりしながら焼きます」（小鷹さん）。コーンの香りにバターが交わり、リッチな風味に焼きあがる。

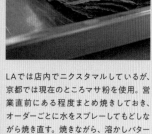

LAでは店内でニクスタマルしているが、京都では現在のところマサ粉を使用。営業直前にある程度まとめ焼きしておき、オーダーごとに水をスプレーしてもどしながら焼き直す。焼きながら、溶かしバター（＋植物油）を刷毛でぬる。

テーブル用のサルサ➡なし

サルサの種類は多彩。"ひとつのタコスはひとつの料理"として構築されており、それぞれに専用のサルサがある。「オリジナルの意図を理解したうえで、日本の食材や好みに合わせて微調整はしていますが、それでも辛いサルサはかなり辛い。いちどマイルドにしましたが、やはりパンチがきかず元に戻しました。トウガラシの使い方は日々勉強ですね」（西村さん）。テーブルには、要望があったときのみオプションでベーシックなホットサルサを出す。

トスターダは1枚を半分にカットして、
スナック的に

トルティーヤ1枚が大きいので、トスターダにする際は半分にカットして揚げ、半月形2枚それぞれに具をのせて提供する。「タケリア風ではなく、レストランのトスターダ。スマートにつまめて、シェアもしやすいスナックです」（西村さん）。なお、ケサディーヤにはフラワートルティーヤを使用。

PIOPIKO

スイートポテトと九条ネギのロースト

taco

焼いた九条ネギの香ばしさとナッツ入りサルサのコクが、紫サツマイモの甘み、トルティーヤの香りを引き立てる。ウェスシェフのシグネチャータコスで、L.A.の本店ではオレンジのヤムイモとリーキを使用。

| 紫サツマイモと九条ネギのロースト |
| カシューナッツサルサ |
| 万能ネギ | ケソ・フレスコ |

紫サツマイモと九条ネギのロースト
沖縄産紫サツマイモ　1個分40g
九条ネギ（斜め切り）　1個分10g
タイムの葉　1つまみ
塩、植物油、溶かしバター　各少量

1　紫サツマイモ（皮つき）をゆで、皮をむいてひとくち大に切る。
2　鉄板に油を引き、**1**と九条ネギを焼く。途中、塩とタイムをふる。

カシューナッツサルサ
赤パプリカ　4個
ナス　2本
アルボル　8g
カシューナッツ　80g
バター　適量
ニンニク（みじん切り）　6かけ
トマティーヨ　790g
ハバネロ　1個（8g）
赤ワインヴィネガー　40g
オリーブ油　40g
塩　10g

1　赤パプリカとナスをオーブンで焼き、皮をむく。
2　アルボルをバターで炒め、香りが出たらカシューナッツを加えて軽く焼く。ニンニクを加え、焦げる前にトマティーヨを加える。**1**と塩を加え、トマティーヨがやわらかくなるまでその水分で煮る（約10分間。必要なら水を足す）。
3　ブレンダーに移してハバネロ、赤ワインヴィネガー、オリーブ油を加え、なめらかになるまで回す。

ケソ・フレスコ
牛乳　10L
ホワイトヴィネガー　660g

1　牛乳とホワイトヴィネガーを鍋に合わせて火にかけ、80℃になったら火からはずし、45分間放置する。
2　**1**を布で漉し、1時間ほどかけて自然に水分を落とす。

PIOPIKO

カリフラワー *taco*

ピオピコのオープンに合わせて新作したタコス。カレー風味の焼きカ
リフラワーとトルティーヤの相性は盤石で、そこに焦がしトマトのサル
サ、梅干し、松の実などさまざまなアクセントがからむ。

カリフラワーと松の実の
カレー風味ロースト

焦がしトマトのサルサ

梅干しソース

グリーンオリーブ半割り

チャイブ

カットライム

カリフラワーと松の実のカレー風味ロースト
カリフラワー
カレーパウダー
塩
松の実

カリフラワーをひとくち大に切り、鉄板で焼
く。カレーパウダーと塩をふり、香ばしく仕
上げる。松の実も鉄板で焼く。

梅干しソース
梅干しの果肉を適量の白ワインヴィネガーと
合わせて、ブレンダーで混ぜる。

焦がしトマトのサルサ
トマト　8個（約1200g）
セラーノ　1本（約8g）
ハラペーニョ　1本（15g）
赤玉ネギ　1/4個
ニンニク　6かけ
ホワイトヴィネガー（穀物酢）　35ml
塩　10g

1　トマトを直火にのせた網で、皮全体が黒くなるまで焼く。皮
をむき、半分は種を除く。
2　残り半分のトマトをニンニク、赤ネギ、ヘタをとったハラペー
ニョ、セラーノとともにフードプロセッサーにかける。ニンニク
が細かくなってきたら種を除いたトマトを加えて軽く回す。塩と
ヴィネガーを足して味を調整する。

PIOPIKO

フライドフィッシュと紫キャベツ

taco

魚タコスの定番「フライドフィッシュ＆チポトレマヨネーズ」の組み合わせを、ガストロノミックにアレンジ。

チポトレのクレマ
サワークリーム　1.5カップ
マスタード入り自家製アイオリ　1.5カップ
アドボ漬けのチポトレ　大さじ2
ハバネロ　1個

材料を合わせてブレンダーで混ぜる。

キュウリのピコ・デ・ガヨ
トマト、キュウリ、赤玉ネギの各小角切りを合わせ、適量のハラペーニョピクルスとパクチー（各みじん切り）、塩コショウ、レモン（またはライム）汁であえたもの。

コールスロー
キャベツ、紫キャベツ、ニンジンのせん切りをオリーブ油、ライム汁、塩であえたもの。

白身魚のフライ
白身魚の切り身　1個分60g
衣
　薄力粉　240g
　オールドベイシーズニング　2g
　塩　4g
　ベーキングソーダ　10g
　パプリカパウダー　5g
　ビール　350ml
　全卵　1個

1　薄力粉150gとその他の粉を合わせておく。卵をといてビールを加え混ぜる。これを粉と混ぜ合わせる（混ぜすぎない）。
2　白身魚を**1**の生地にくぐらせて、揚げる。

PIOPIKO

ビーフ・バルバコア *taco*

メキシコの伝統的なバルバコアは、肉の塊を植物の葉で包み、焼け
た炭とともに穴に埋めて蒸し焼きしたもの。現代ではいろいろなアレ
ンジがあり、これは牛バラ塊を鍋でやわらかく煮て、最後に鉄板でソ
テー。「肉」感と食べやすさのバランスを考慮したサイズにカットして、
トルティーヤにオン。

バーベキュービーフ

赤玉ネギのスライス

大葉のせん切り

バーベキュービーフ

牛肩バラ肉　10kg
ニンジン　2.5kg
玉ネギ　3kg
セロリ　1束
ローリエ　5枚
ニンニク　5個
黒粒コショウ　25g
塩　25g
赤ワイン　250ml
牛または鶏のブロス（だし）　2600ml
植物油（仕上げ用）　適量

1　牛肩バラ肉のスジを掃除して塊のまま塩をよくすりこむ。肉、
香味野菜（ざく切り）、ローリエ、ニンニク、黒粒コショウを合
わせ、赤ワインをふって均等に混ぜ、ひと晩マリネする。
2　**1**にブロスを合わせる。110℃のコンベクションオーブンで4
時間煮込む。漉して、肉と煮汁を別々に保管する。
3　オーダー後、40gのブロックにカットし、煮汁の中で温め、
さらに鉄板で、表面を香ばしく焼きつける。

サルサ・マチャ

複数のトウガラシとナッツの融合から生まれ
る、辛みと甘み、コクと香りの深いサルサ。

グレープシード油　550ml
ワヒーヨ（種を除く）　24g
パシーヤ（種を除く）　24g
チポトレ・モリタ（種を除く）　48g
ニンニク　60g
ピーナッツ　30g
アーモンド　30g
ピーカンナッツ　30g
白ゴマ　20g
オレガノ　2つまみ
白ワインヴィネガー　90ml
塩　30g
自家製ホットソース＊　90g

＊赤パプリカがベース。適量のハバネロ、ワ
ヒーヨ、ショウガ、白ワインヴィネガー、水
を合わせてフードプロセッサーにかけたも
の。

1　油を引いたフライパンで3種の乾燥トウガラシを加熱し、香
りを引き出す。
2　すべての材料を合わせ、フードプロセッサーにかける。

PIOPIKO

ポブラノペッパーのチーズ詰め *taco*

ポブラノはピーマンより身厚で、青臭さは控えめ。チーズ詰めのフライ
はメキシカンの定番の一品だ。

> ポブラノのチーズ詰めフリット
>
> フリホーレスのペースト
>
> ローストグリーンサルサ
>
> カットライム

ポブラノのチーズ詰めフリット

ポブラノ　1個15g
チーズ（モントレージャック*）　35g
衣の生地（p.119）　35g
塩、揚げ油

＊セミハードタイプの牛乳製チーズ。

フリホーレスの焼きペースト

黒インゲン豆
ストック
バター

1　黒インゲン豆をひと晩水に浸けてもどし、
ストック（解説略）でやわらかくゆでる。フー
ドプロセッサーにかけてペーストにする。
2　**1**に適量のバターを練り混ぜ、鉄板で焼
いて香ばしい焦げ目をつける。

1　ポブラノをグリルして皮と種を取り除き、チーズを詰める。
2　衣にくぐらせて、揚げる。
3　【盛りつけ】温めたトルティーヤにフリホーレスの焼きペース
トをのせ、揚げたポブラノを置き、**2**を置く。

ローストグリーンサルサ

トマティーヨのフレッシュ感と、焦がしペッパーの香ばしさがベ
ースのサルサ。

トマティーヨ　340g
セラーノ　30g
ニンニク　15g
ホワイトビネガー　20g
塩　4g
コショウ　1g

1　セラーノをフライパンで炒める。
2　**1**とその他の材料を合わせ、フードプロセッサーにかける。

PIOPIKO

シュリンプポテトのフライドタコス *fried taco*

エビのガーリック炒めとマッシュポテトの「トルティーヤ包み揚げ」。
チポトレのピリ辛とスモーキー感がアクセントだ。甘酸辛のさっぱり
キャベツサルサを添えて。

エビポテト

キャベツのサルサ

アボカドのスライス

パクチー

カットライム

エビポテト

ジャガイモ　1kg

エビ　500g

ニンニク　20g

バター　100g

大葉（みじん切り）　6g

アドボ漬けのチポトレ　20g

卵　2個

薄力粉　50g

塩　12g

1　ジャガイモをゆで、皮をむいてつぶす。

2　エビをニンニクバターで炒め、ひとくち大にカットする。その他の材料とともに、**1**に混ぜこむ。

3　ひとり分30gをフラワートルティーヤに包み、揚げる。

キャベツのサルサ

キャベツ　適量

ホールトマト（缶）　800g

アルボル（種を除く）　5g

ハラペーニョ　1本（20g）

オレガノ　1つまみ

ホワイトヴィネガー　30g

塩　5g

薄力粉　50g

塩　12g

1　キャベツ以外の材料を合わせ、フードプロセッサーにかける。

2　キャベツを小さな四角に切り、**1**であえる。

PIOPIKO

オクトパスケサディーヤ *quesadilla*

煮ダコ、砕きピスタチオ、チーズを小麦トルティーヤで挟み焼き。タコは香りよく、チーズはトローリ、ピスタチオはカリカリ。文句ナシにお酒の進むおつまみで、とろりとした甘めのサルサと、乾いた粒々のホットサルサの組みあわせでより立体的な味わいに。

トマト・フォンデュ
サルサ・セカ
大葉のせん切り

トマト・フォンデュ

玉ネギ（みじん切り）　1個
ニンニク（みじん切り）　6かけ
薄力粉　450g
トマトジュース　3L
ホールトマト　1缶
グラニュー糖　250g
タイム　1束
シナモンパウダー　小さじ2
塩　大さじ2
ハラペーニョ（ピクルス）　300g
バター　450g
イエローチェダーチーズ　600g

1　ニンニク、玉ねぎをオリーブ油で炒め、薄力粉を加えてさらに炒める。トマトジュースとホール、グラニュー糖、タイム、シナモン、塩を加えて煮詰める。適度な濃度になったらハラペーニョを加えてブレンダーにかける。

2　**1**を温め、バターとチーズを加えてつなぐ。

オクトパスケサディーヤ（1個分）

フラワートルティーヤ　1枚
タコ（足、頭のカット）　40g
チェダーチーズ　20g
モッツァレラチーズ　20g
トマトコンフィ　20g
ケソ・フレスコ（p.116）　20g
ピスタチオ（粗切り）　適量
バター　10g
トマト・フォンデュ　大さじ1
サルサ・セカ　大さじ1
パクチー　適量

1　タコを鉄板で焼く。
2　フラワートルティーヤを鉄板に置いて温め、半円分のスペースにケソフレスコ、モッツァレラを散らし、トマトコンフィ（皮を湯むきして種を除き、オリーブ油をふりかけてオーブンでゆっくりと加熱したもの）をのせる。チーズが溶けてきたら**1**をのせ、ケソ・フレスコ、ピスタチオを散らして、トルティーヤの残り半円を折りかぶせる。バターをぬりながら両面を焼き、きれいに色づける。
4　【盛りつけ】4等分して皿に盛り、トマトフォンデュを添える。フォンデュにサルサ・セカ、パクチーをのせる。

サルサ・セカ 🥣

タカノツメ（種を除く）　15g
パンプキンシード　180g
ピーナッツ　160g
白ゴマ　35g
クエン酸　11g
ニンニクのコンフィ　80g
万能ネギ　35g
パクチー　15g
塩　4g
グラニュー糖　14g
グレープシード油　105g

1　赤トウガラシをフライパンで乾煎りして香りを出す。
2　全材料を合わせてハンドブレンダーにかける。粒は粗めに残す。

PIOPIKO

ハマチのトスターダ *tostada*

セビーチェをのせたトスターダは定番ですが、ハマチにのせているフレッシュ野菜のサルサは、ニョクマムを使ったベトナム風味。ロサンゼルスの多国籍な食文化を投影した1品。軽いおつまみとして。

| ハマチと柚子胡椒 |
| 柿のピクルス |
| サルサ・ブルハ | 赤玉ネギ |
| サルサ・マチャ（p.120） |
| パクチー | カットライム |

ハマチと柚子胡椒

1 ハマチをスライスして、トスターダ（トルティーヤを半分にカットして揚げる）にのせる。

2 【盛りつけ】ハマチに柚子胡椒をぬり、柿のピクルスをのせて、サルサ・ブルハを盛る。玉ネギとコリアンダーを添える。

サルサ・ブルハ

キュウリ（せん切り）　120g
ニンジン（せん切り）　120g
ミント　10g
ローストピーナッツ（砕く）　40g
炒りゴマ　8g
ドレッシング（ナンプラーなど東南アジアの魚醤、ショウガ、ニンニク、チリ・セラーノ、グラニュー糖、ライム汁）

1 材料を合わせる。

柿のピクルス

柿（スライス）　3個
水　400g
ホワイトヴィネガー　250g
グラニュー糖　125g
コリアンダーシード　1.5g
黒コショウ　3g
マスタードシード　2.5g
オールスパイス　1.5g
クローヴ　1個
スターアニス　1個
アルボル　1本
ベイリーフ　1枚
シナモン　1本

1 柿以外の材料を鍋に合わせ、火にかけて沸騰させる。火を止めて柿と合わせ、そのままマリネする。

撮影　　　　天方晴子
イラスト　　Saki Matsumoto
デザイン　　矢内　里
編集　　　　木村真季（柴田書店）

TACOS タコス

ニッポン発、メキシカンタコスの新しい風

初版発行　　　2021年4月10日
3版発行　　　 2023年9月10日
編者　　　　　© 柴田書店

発行人　　　　丸山兼一

発行所　　　　株式会社柴田書店
　　　　　　　〒113-8477
　　　　　　　東京都文京区湯島3-29-6　イヤサカビル
　　　　　　　営業部03-5816-8282（注文・問合せ）
　　　　　　　書籍編集部03-5816-8260
　　　　　　　URL https://www.shibatashoten.co.jp

印刷・製本　　公和印刷株式会社

Published by Shibata Publishing Company
©Shibatashoten 2021
ISBN　978-4-388-06336-9
Printed in Japan